Herausgeber dieses Buches:

Der Kurfürstendamm – Berlins prächtigster Boulevard

Berlins gesteigerte Attraktivität als Hauptstadt, Regierungssitz, Wirtschafts- und Wissenschaftsstandort sowie als Kulturmetropole und pulsierende Einkaufslandschaft ist eine Chance und Herausforderung zugleich. Eine besondere Bedeutung kommt dabei der City West mit dem weltbekannten Markenzeichen Kurfürstendamm und Tauentzien sowie seinen Nebenstraßen zuteil – Magnet für Millionen von Touristen, beliebt bei den Berlinern wie den Besuchern. Eine lebendige Shoppingregion mit aufregender Erlebnisvielfalt. Attraktiv, lebenswert und unverwechselbar. Dies zu erhalten, zu erweitern und noch zu verbessern, ist Anspruch und Ziel der Arbeitsgemeinschaft City e. V.

Die AG City vereint Tradition und Moderne, versteht sich als Netzwerk und Interessenvertretung der gesamten City West. Unter ihrem Dach vereinigen sich neben den großen Warenhäusern, Centern, exklusiven Einzelhändlern, Hotels, Restaurants, Cafés auch Touristik-, Immobilien- und Multimedia-Unternehmen, Rechtsanwälte, Theater, der Zoologische Garten und die Kaiser-Wilhelm-Gedächtnis-Kirche. Seit 1976 vertritt die AG City die Interessen ihrer Mitglieder in Politik, Behörden, Verbänden, Kammern und den Medien.

Was gestern Vision war, ist heute bereits Realität. Was heute Idee ist, wird morgen vielleicht zur Basis des Erfolgs. Mit unseren Ideen und Angeboten gestalten wir die Themen, die für unsere Mitglieder und für die City West relevant sind. Die Marke „Berlin City West" hat sich die Arbeitsgemeinschaft City e. V. auf ihre Fahne geschrieben. „Unser Engagement für Ihren Erfolg!"

Arbeitsgemeinschaft City e. V.

Kurt Lehrke
Vorstandsvorsitzender

Helga Frisch

Abenteuer
„Kurfürstendamm"
Damals und heute

Ihre Helga Frisch

30. 4. 2012

Kahmann-Druck+Verlag

Impressum

© 2007 Abenteuer Kurfürstendamm

Herausgeber:
Arbeitsgemeinschaft City e.V.

Autorin:
Helga Frisch

Satz, Layout und Gestaltung:
Kahmann-Druck+Verlag
Charlottenburger Straße 22, 14169 Berlin

ISBN 978-3-937154-05-3

Inhaltsverzeichnis

Grußwort

der Bezirksbürgermeisterin von Charlottenburg-Wilmersdorf, Monika-Thiemen

Es gibt wohl nur eine weltberühmte Straße in Deutschland, und als Peking zu einem Treffen von 14 großen Boulevards einlud, da waren aus Paris die Champs-Elysées, aus New York die Fifth Avenue und natürlich aus Berlin der Kurfürstendamm vertreten. Es ist erstaunlich, wie schnell sich dieser weltweite Ruhm des Kurfürstendamms entwickelte, nachdem er am Ende des 19. Jahrhunderts zum Boulevard ausgebaut worden war. Von Anfang an war er modern und exquisit, und sehr schnell wurde er international.

Es dürfte aber auch kaum eine andere Straße geben, über die so oft und so kontrovers geredet und geschrieben wurde. Jubel und Schmähreden folgten dabei immer wieder dicht aufeinander. Aber das konnte seinen Erfolg nicht aufhalten, und auch die heftigsten Kritiker mussten am Ende einsehen: das einzig Bleibende am Kurfürstendamm ist der schnelle Wandel. Immer wieder hat er die Vorreiterrolle gespielt, die neuesten Trends aufgespürt und geprägt. Das ist auch jetzt wieder so, nachdem manche den ehemals Neuen Westen nach dem Fall der Mauer schon als Alten Westen wieder einmal abgeschrieben hatten. Kurfürstendamm und Tauentzien sind die belebtesten Einkaufsstraßen in Berlin. Hier ist alles vertreten von den bekannten Geschäften für das große Publikum bis zu den edelsten Marken. Aber auch wer sich diese nicht leisten kann, der kann sie am Kurfürstendamm wenigstens bestaunen. Sehen und gesehen werden, das macht hier immer viel Vergnügen.

Wir müssen aufpassen, dass bei all dem geschäftlichen Erfolg die Kultur nicht auf der Strecke bleibt. Deshalb kämpfen wir für den Erhalt der Boulevartheater am Boulevard und für den Zoo-Palast. Zu den Besonderheiten des Kurfürstendammes gehört auch, dass hier noch gewohnt wird. Er ist eben nicht nur eine Touristenmeile sondern mit seinen Nebenstraßen auch urberlinisch – und genau das macht seinen Reiz aus. Ein Buch wie dieses kann dazu beitragen, unser Bewusstsein für den historisch gewachsenen Wert des Kurfürstendammes zu schärfen. Von nostalgischen Gefühlen hat er sich in seinem schnellen Wandel nie aufhalten lassen, aber die Kenntnis seiner Geschichte ist für die Gestaltung seiner Zukunft wichtig – und sie ist einfach immer wieder spannend.

Dies ist nicht das erste Buch über den Kurfürstendamm. Aber es sind seit mehr als 20 Jahren kaum neue Bücher über diese berühmte Straße erschienen, und seit langer Zeit ist kein einziges Buch über den Boulevard mehr im Handel. Es gab also eine erstaunliche Marktlücke im Hinblick auf eine aktuelle Veröffentlichung über den Kurfürstendamm. Helga Frisch erzählt seine Geschichte mit großem Engagement. Vieles hat sie persönlich erlebt, aber sie verbindet leidenschaftliche Anteilnahme mit einem Augenzwinkern. Das macht die Lektüre besonders vergnüglich.

Monika Thiemen

Danksagung

Zu der Beschäftigung mit dem Thema „Kurfürstendamm" bin ich gekommen nach der Begründung einer Bürgerinitiative für die Erhaltung des Fernbahnhofs Zoo. In diesem Zusammenhang geht es ja immer auch um die Rolle der westlichen City und ihres bestimmenden Boulevards.

Beim Schreiben dieses Buches ist mir bewusst geworden, dass sich am Kurfürstendamm die Mentalität der Berliner spiegelt wie in einem kleinen Kosmos und einem Kristallisationspunkt. Hier gab es immer Reichtum ohne Arroganz, Weltoffenheit, Geist und Mutterwitz. Und auch in glanzvollen Zeiten zwang selbstbewusste Nüchternheit jeden dazu, „auf dem Teppich zu bleiben".

Typisch für die Berliner am Kurfürstendamm war diffiziler Widerspruchsgeist in Zeiten der Diktatur, selbstverständliche Hilfsbereitschaft in Notzeiten und Unbeirrbarkeit im Kampf für die Freiheit der Stadt und ihrer Bürger. Dies gilt natürlich auch im Alltag, es wird „gemeckert", wenn aus bürokratischer Anonymität bürgerferne Maßnahmen erwachsen. Dann heißt es: „Nicht mit uns".

Man mag diesen Zeilen entnehmen, dass ich keine geborene Berlinerin bin, sondern faszinierte „Wahlberlinerin", nach mehr als 40 Jahren in der Stadt allerdings wohl auch schon etwas „gelernte" Berlinerin. Selbst dann bleibt man aber so weit „außenstehend", dass man die typischen Berliner Eigenschaften immer wieder als beglückend empfinden kann.

Der Bahnhof Zoo - obwohl „um die Ecke" gelegen - war immer das Zentrum der westlichen City und gehört insofern zum Kurfürstendamm. Die erwähnte Bürgerinitiative zur Erhaltung des Fernverkehrs an dieser zentralen Stelle fand deshalb sofort große Zustimmung in der Bevölkerung. Dass sich überhaupt ein Protest in einer bestimmten Größenordnung entwickeln kann, ist in dieser Form wohl nur in Berlin möglich, dafür kann ich den Berlinern nur danken.

Im Rahmen dieser Initiative hat mich die Zusammenarbeit mit dem Bezirksamt Charlottenburg-Wilmersdorf und vor allem mit der Bezirksbürgermeisterin Monika Thiemen durch ihre erstaunliche und erfreuliche Bürgernähe beeindruckt. In diesem Zusammenhang ist auch hervorzuheben, dass die Bezirkspolitik immer so ausgerichtet war, dass Wohnen am Kurfürstendamm nicht verdrängt sondern gefördert wurde, denn nur dann lebt eine Straße, wenn sie auch abends keine tote Zone ist.

In Dankbarkeit möchte ich deshalb dieses Buch der Leitung des Bezirks widmen in der Hoffnung, dass sie weiterhin das Engagement der Bürger so nachhaltig unterstützt wie bisher.

Ich bedanke mich auch bei der AG City und ihrem Vorsitzenden Kurt Lehrke für die Unterstützung dieses Buchprojekts durch die Herausgeberschaft und die Begleitung bei der Entstehung und Verbreitung dieses Buchs.

Helga Frisch

Einleitung

Verdankt der Kurfürstendamm als überragende Straße der deutschen Hauptstadt und bekanntester Boulevard Deutschlands seine Existenz den Wildschweinen und Füchsen im Grunewald? Diese Vermutung führt durchaus zu den Wurzeln der geschichtlichen Entstehung dieser Straße, denn das Wild im Grunewald lockte die brandenburgischen Kurfürsten in das von ihnen erworbene Jagdgebiet mit Jagdschloss. Und so musste ein Verbindungsweg geschaffen werden vom Stadtschloss zum Jagdschloss. Durchs sumpfige Charlottenburg und Wilmersdorf war dies ein „Damm", erst „Grunewalddamm" und dann „Churfürsten Damm" genannt.

Es stimmt allerdings auch die Behauptung, dass der Ausbau des Kurfürstendamms nur möglich wurde durch Verkauf und Abholzung von einem großen Stück Grunewald für eine Villenkolonie (234 ha), weil ohne diese Transaktion damals niemand eine so aufwendige und repräsentative Straße finanziert hätte. Die Stadt wollte dafür auf keinen Fall Geld zur Verfügung stellen.

Es gehörte die nachhaltige Energie des Preußischen Ministerpräsidenten und späteren Reichskanzlers Bismarck und sein Kampf gegen Behördenwillkür und Bauspekulanten dazu, aus dem Kurfürstendamm tatsächlich eine Pracht-Avenue nach französischem Vorbild zu machen. Vor allem war es auch der Bürgersinn der ersten Käufer und Anlieger am Kurfürstendamm, die der Straße ihre herausragende Breite sicherten. Denn sie mussten für den Ausbau einen Teil ihrer privaten Grundstücke unentgeltlich zur Verfügung stellen.

Der Kurfürstendamm gewann mit seinen künstlerischen Cafés, seinen Kabaretts und Theatern seit ca. 1900 Weltruhm. Er widersetzte sich mit seinem speziellen jüdisch geprägten Geist dem Nationalsozialismus, der dort auf SA-Aufmärsche wegen mangelnder Begeisterung verzichtete. Zur Olympiade von 1936 wehten über der Straße überwiegend weiße Olympiafahnen und nur selten die verordneten Hakenkreuzfahnen.

Im zweiten Weltkrieg wurde der Kurfürstendamm wie keine zweite Straße in Berlin durch Bomben und die letzen Gefechte in der Stadt zerstört (rund 80 % der Häuser waren ganz oder teilweise beschädigt). Aber die Berliner haben nach dem Krieg sofort angefangen, ihren „Kurfürstendamm" wieder aufzubauen. Die berühmten „Trümmerfrauen" waren als erste auf den Schutthaufen der Straße, um sie beiseite zu räumen. Erst lebten und arbeiteten die Menschen in den Kellern unter Ruinen, dann wurde neu gebaut.

Beim Wiederaufbau gab es allerdings oft planlose und kurzsichtige Baumaßnahmen ohne ein Gesamtkonzept für die berühmte Meile. Konzerne und Ladenketten versuchten, mit öden Neubauten und Preistreiberei bei den Mieten sich den Boulevard zu unterwerfen. Dabei verdrängten sie häufig berühmte Cafés, Restaurants und Einzelhandelsgeschäfte. Der Kurfürstendamm wurde bedroht durch „Peepshows", Nepp und Hütchenspieler, er wurde verspottet als touristischer „Boulettenboulevard".

Aber es gab auch große Unternehmen, die in die Restauration alter Gebäude investierten. Geschäftsleute, Künstler und Politiker setzten sich für den Kurfürstendamm ein. Er wurde immer wieder totgesagt und hat immer wieder neues Leben hervorgebracht. Die Spurensuche lohnt sich also. Die Geschichte der Straße ist von Anfang an sehr gut erforscht und dokumentiert worden. Hervorzuheben ist hier das Buch von Karl – Heinz Metzger und Ulrich Dunker von 1986, in dem die Quellen und die bis dahin erschienene Literatur kenntnisreich und kritisch aufgearbeitet werden. [1]

Rund um die Entstehung des Kurfürstendamms gibt es sehr viele Originalberichte, Äußerungen von Zeitzeugen, Anekdoten und Bilder. Dies liegt daran, dass die Anfänge nur wenig mehr als 100 Jahre zurückliegen und durchaus überschaubar sind. In dieser Zeit gab es eben schon Zeitungen, Photographien, Kabarett- und Theateraufführungen und Kritiken.

Letztlich konnte ein solches Straßendenkmal aber nur mit Hilfe der typischen Berliner Eigenschaften Mut, Witz und Offenheit gebaut – und nach dem Krieg wiederaufgebaut – werden. Entschlossene Herrscher und Politiker spielten dabei genau so eine Rolle wie die Berliner Bürger, die sich für den Boulevard mit aller Kraft eingesetzt haben.

1) Karl-Heinz Metzger/Ulrich Dunker, Der Kurfürstendamm - Leben und Mythos des Boulevards in 100 Jahren deutscher Geschichte, Berlin 1986

I. Vom Knüppeldamm zur Pflasterstraße (1542 – 1882)

Tatsächlich fing beim Kurfürstendamm alles mit den Wildschweinen im Grunewald an, denn die Kurfürsten von Brandenburg residierten zwar im Berliner Stadtschloss (erbaut 1443), aber ihre Jagdleidenschaft führte sie schon früh weit vor die damaligen Tore der Stadt Berlin. Ihr beliebtestes Jagdgebiet lag im Grunewald, deshalb kauften sie dort nach und nach alle Wälder, Dörfer und Seen auf bis zum Havelufer.

Kurfürst Joachim II,
der Erbauer des („Kurfürsten“) Damms

Kurfürst Joachim II. erwarb 1540 den heutigen Grunewaldsee von der Dahlemer Familie Spiel, damals „Spielsee“ oder „Spilsee“ genannt. Er ließ 1542 am Ufer dieses Sees den Grundstein legen für ein Jagdschloss „Zum grünen Walde“ (=Grunewald). Den Auftrag zum Bau dieses Jagdschlosses soll der

9

Architekt Caspar Theyß bei einem Wettsaufen errungen haben, dies mindert allerdings nicht die Qualität seiner Arbeit. [2]

Das Jagdschloss Grunewald

Wie und wo konnte nun der schnellste und beste Weg hergestellt werden vom Stadtschloss des Kurfürsten zum Ziel seiner Wünsche und seiner Jagdleidenschaft, dem Schloss im Grunewald? Es gab zwar schon einen alten provisorischen Reitweg der Kurfürsten für diese Strecke südlich am Tiergarten vorbei. Aber jetzt mussten Baumaterialien für das Jagdschloss befördert und erheblich mehr Menschen in Bewegung gesetzt werden als bisher. Die Verbindungsstrecke musste also wesentlich breiter und stabiler sein.

Es wurde ein 11 Meter breiter Weg gebaut, der vom Brandenburger Tor aus südlich am Tiergarten vorbei über den Landwehrkanal nach Charlottenburg und Wilmersdorf führte. Am heutigen Olivaer Platz bog er nach Süden ab und folgte dem Verlauf der Konstanzer Straße bis zur Einmündung in die Brandenburgische Straße und zum Hohenzollerndamm. Weil der Weg durch sumpfiges Gebiet verlief, wurde er als Damm aufgeschüttet und mit Bohlen befestigt; er fiel nach beiden Seiten als Böschung ab. [3]

2) Das Renaissanceschloss ist das älteste Schloss Berlins und enthält eine viel zu wenig bekannte Kunstsammlung mit Werken von Lucas Cranach, Albrecht Dürer und vielen holländischen Meistern
3) Eberhard Bohm, Kurfürstendamm – Entstehung und erste Entwicklung, in: Von der Residenz zur City –275 Jahre Charlottenburg, hrsg.von Wolfgang Ribbe, Berlin 1980

„Der berühmte Boulevard begann also kümmerlich, als Knüppeldamm im sumpfigen Boden der Mark." [4]

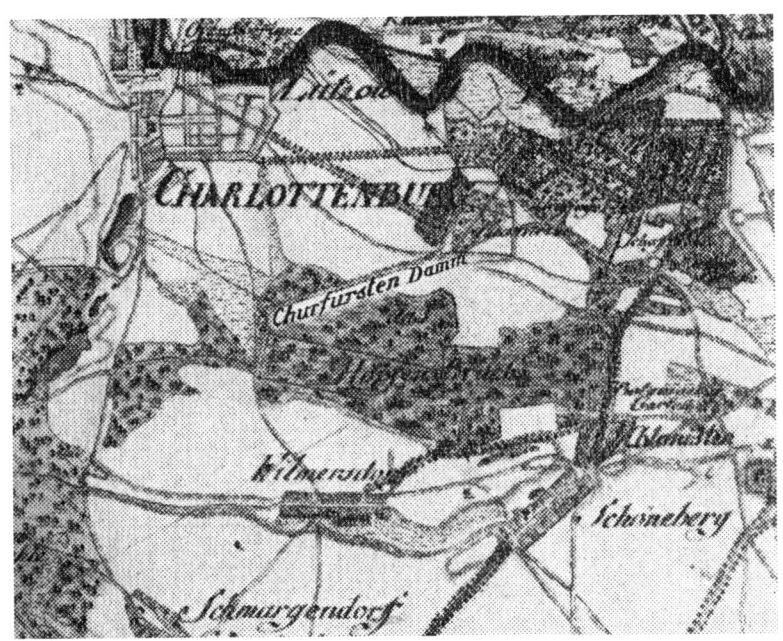

Der aufgeschüttete Damm im Sumpf von Charlottenburg

Erstaunlich ist der große Aufwand, mit dem hier eine schwer zu bauende Straße buchstäblich aus dem Boden oder vielmehr in den Boden gestampft wurde mit Holzbohlen und aufgeschüttetem Erdreich. Denn es gab ja damals durchaus schon einen Weg vom Schloss nach Westen. Das mittelalterliche Straßennetz der Askanier verband die Mitte Berlins mit den Dörfern Schöneberg, Wilmersdorf und Schmargendorf. Und der Umweg über diese damaligen Dorfstraßen wäre für die Kurfürsten vom Schloss aus nicht nennenswert gewesen. [5] Aber die Verbindungsstrecke vom Stadtschloss zum Jagdschloss sollte wohl von ihrer ganzen Anlage her eine besondere Route für den Kurfürsten und sein Gefolge sein, eine exklusive und herrschaftliche Straße. Der durch den Morast führende erhöhte Damm war ohnehin nur für Reiter und Kutschen geeignet und nicht für bürgerliche Fußgänger.

4) *Horst Krüger, Der Kurfürstendamm, Berlin 1982, S.31*
5) *Bohm, a.a.O. S.71*

In den Anfangszeiten hieß der Verbindungsweg vom Stadtschloss nach seinem Zielort noch „Grunewalddamm". [6]

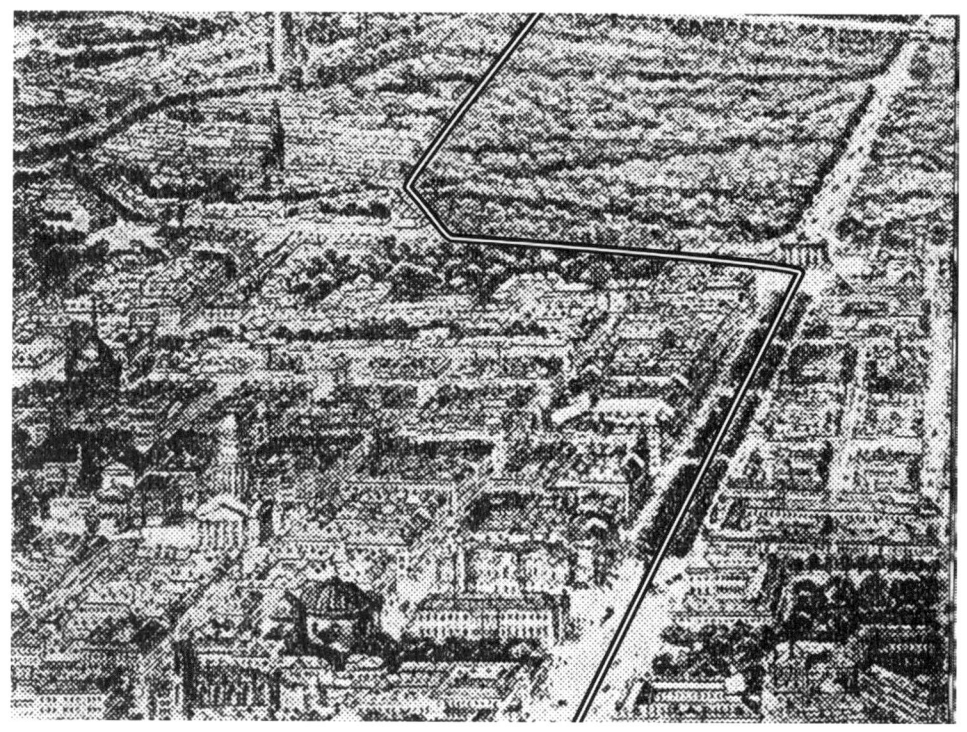

Der Damm als Weg vom Stadtschloss über Charlottenburg zum Jagdschloss

Aber als er dann vom Kurfürsten und seinen Reitern mit den bunten Jagduniformen sichtbar benutzt wurde, nannte man ihn im Volksmund wohl schon sehr früh „Churfürsten Damm". Auf einem alten Plan, dem sogenannten La Vigne – Plan von 1685, [7] ist er erstmalig in seinem Verlauf genau eingetragen. In alten Bebauungsplänen von 1719 ist er als „Damm" eingezeichnet, und auf einer Karte von Schmettau – entstanden 1767-1787 – trägt er erstmals den Namen „Churfürsten Damm." Daran wurde auch nichts geändert, als Preußen 1701 vom Kurfürstentum zum Königtum wurde.

6) Erich Majewski, Geschichten aus dem alten Halensee und vom Kurfürstendamm, Berlin 1983, beendet 1963, S.48
7) La Vigne, Plan géometral de Berlin e des environs

Der ganze kurfürstlich-königliche Damm blieb dann weiterhin in einem Dornröschenschlaf liegen, bis er in der Mitte des 19. Jahrhunderts unsanft daraus geweckt wurde. Die Charlottenburger Bauern – damals noch Lützower oder Lietzower – waren den königlichen Transitverkehr durch ihre Felder längst leid, denn die Kurfürsten hatten sich das Gelände für den Weg in der Mitte des 16. Jahrhunderts einfach angeeignet. So ließen die Bauern 1842 neun alte Eichen am Rande des Damms auf der Höhe des heutigen Hotels Schweizerhof fällen. Die Bauern wollten nach der eigenmächtigen Baumfäll-aktion den ganzen Damm sogar einfach unterpflügen und damit ein altes Ärgernis aus der Welt schaffen. [8]

König Friedrich Wilhelm IV. – Lieblingssohn der einstigen populären Kö-nigin Luise – mit seinem Hang zu malerisch – romantischer Landschaftsge-staltung war empört über die Fällung der Eichen am Rande des Damms und kämpfte dann jahrelang um die Rechte des Staates am „Churfürsten Damm." In der aufgeklärten preußischen Monarchie konnte der König sich nicht das Land durch einen Erlass aneignen, sondern er musste mit den aufsässigen Bauern mühsam verhandeln, bis endlich 1850 eine vertragliche Regelung ge-funden wurde und der „Churfürsten Damm" eine staatliche Straße wurde.

Bei den Verhandlungen spielte auch der schlechte Zustand des Damms eine Rolle. Der König stellte der Gemeinde in Aussicht, dass sie den Damm bis auf wenige Fuß Höhe abtragen und ihn dann als ganz normale Straße nutzen könnte. [9] Der später weltberühmte Boulevard wäre also beinahe schon vor seinem eigentlichen Ausbau dem Zorn eigenwilliger Bauern zum Opfer ge-fallen. An der ganzen Auseinandersetzung zeigt sich allerdings auch, wie pri-mitiv damals der Kurfürstendamm war, sonst hätte er wohl kaum noch in der Mitte des 19. Jahrhunderts von pflügenden Bauern bedroht werden können.

Friedrich Wilhelm IV. ließ nach 1850 einen schmalen Reitweg vom Olivaer Platz nach Halensee anlegen.[10]

8) Bohm, a.a.O.S. 79, Friedrich Wilhelm Lehmann, Kurfürstendamm - Bummel durch ein Jahrhundert, Berlin 1964, S. 9
9) Bohm, a.a.O.S. 79
10) Centralblatt der Bauverwaltung vom 19.5.1892

Bis dahin gab es westlich der heutigen Konstanzer/Leibnizstraße nur ein Stück sandige Heide. Durch ständige Benutzung war hier eine Art „Trampelpfad" entstanden, ein Triftweg. [11]

Landschaft am Kurfürstendamm um 1800

Endlich wurden nun aber auch Pläne entwickelt, die dem herrschaftlichen Damm eine angemessene Gestalt verleihen sollten. Der „Hobrecht-Plan" von 1862 sah einen „normalen" Ausbau des Reitwegs als Wohnstraße vor. Auf dem Plan von Liebenow von 1867 war der alte Damm mit allen Einzelheiten eingezeichnet, [12] daneben auch schon mit einer dünn gestrichelten Linie die zukünftig vorgesehene Straße des Hobrecht-Plans von 1862. [13]

Speziell der Hobrecht-Plan und seine offizielle Aufnahme in die weiteren Planungen rief nun den entschiedenen Widerstand des preußischen Ministerpräsidenten Bismarck hervor, der damals zum erstenmal als Schirmherr des Kurfürstendamms in Erscheinung trat. Er wollte nur eine „normale Wohnstraße" verhindern, weil er um seinen bis dahin gewohnten Reitweg auf dem Kurfürstendamm fürchtete. Für ihn war es ein Alptraum, dass der wenig befestigte „Damm" in eine gepflasterte Straße verwandelt werden könnte.

11) *Majewski, a.a.O.S.48, Lehmann, a.a.O. S.9*
12) *Bohm a.a.O. S. 76*
13) *Metzger/Dunker a.a.0.S. 10*

Er war ein leidenschaftlicher Reiter seit seiner Kindheit und Jugend auf dem Gut in Pommern, seine militärische Ausbildung erhielt er beim Reiterregiment der Halberstädter Kürassiere. Sein Morgenritt in den Grunewald erschien ihm unentbehrlich. Und so schlug er in einem Brief an König Wilhelm I. – Bruder und Nachfolger Friedrich Wilhelms IV. seit 1861 – die Verlängerung des Kurfürstendamms vom Olivaer Platz aus als Reitweg vor.

Er wollte eine „direkte Verbindung zwischen dem Tiergarten und dem Grunewald in der Verlängerung nach dem Walde". [14] Die Leibnizstraße hieß damals noch „Priesterweg", weil der Wilmersdorfer Pfarrer diesen Weg nahm, wenn er die Lietzower Bauern geistlich betreute. [15]

Reichskanzler Fürst Otto von Bismark

Mit seinem Widerstand verhinderte Bismarck zumindest, dass mit einer gepflasterten Wohnstraße einfach vollendete Tatsachen geschaffen wurden. Stattdessen wurde auf Wunsch Bismarcks 1869 ein vier Meter breiter Geländestreifen angekauft zur Erhaltung und Vergrößerung eines komfortablen Reitweges auf dem Kurfürstendamm. [16] Bismarck dachte also in dieser Zeit zwei Jahre vor der Reichsgründung von 1871 stärker an seine Neigungen als Reiter und noch gar nicht an die Bedeutung dieser Straße für die gesamtstädtische Planung. Ein scharfer Kritiker der städtebaulichen

14) *Deutsche Bauzeitung 50, 1916, S.85*
15) *Bohm, a.a.O. S. 75*
16) *Harald Reissig, Der Kurfürstendamm, in: Geschichtslandschaft Berlin - Orte und Ereignisse- Charlottenburg Teil 2. Der neue Westen, Berlin 1985, S.172*

Entwicklung Berlins: „In Zukunft wird noch oft bedauert werden, dass es selbst einem preußischen Staatsmann vom Rang Bismarcks nicht möglich war, bei der Planung der Weltstadt Berlin an Wichtigeres als an einen Reitweg zu denken." [17]

Aber Bismarck wurde dann schon kurz darauf zum genialen Erfinder eines weltstädtischen Boulevards. Wie war solch eine überraschende Wandlung möglich? Nach dem Sieg im Deutsch-Französischen Krieg von 1870/71 hatte er beim Einmarsch in Paris die dortigen Prachtstraßen kennengelernt. Und bei der Gründung des deutschen Reiches 1871 war er als Reichskanzler in eine neue Verantwortung hineingewachsen.

Der Kurfürstendamm sollte nun nach seinen Vorstellungen so angelegt werden, dass er sich mit den Champs–Élysées in Paris vergleichen ließ. Der Kaiser stimmte Bismarcks Auffassungen zu, und Bismarck schrieb an den kaiserlichen Kabinettsrat H. von Wilmowski am 05.02.1873: „ … die Straße am Kurfürstendamm wird nach den jetzt bestehenden Absichten viel zu eng werden, da dieselbe voraussichtlich ein Hauptspazierweg für Wagen und Reiter werden wird. … Denkt man sich Berlin weiter wachsend, so wird es die doppelte Einwohnerzahl noch schneller erreichen als Paris …

Der Kurfürstendamm (links) wurde erbaut nach dem Vorbild der Champs–Élysées (rechts)
(Bild auf der Rückseite der Restaurantquittung eines französischen Restaurants)

Dann würde der Grunewald etwa für Berlin der Bois de Boulogne …

17) Bohm, a .a. O. S. 85

„Nur auf diese Weise würde über den Tiergarten hinaus eine bequeme Zirkulation der Berliner Bevölkerung nach dem Grunewald hergestellt werden können." [18] Der Kaiser schloss sich den Vorstellungen des Kanzlers schon am 10. Februar 1873 an. Durch eine kaiserliche Kabinettsorder vom 02. Juni 1875 wurde die Breite des Kurfürstendamms offiziell auf 53 Meter festgesetzt. [19]

Aber nicht nur Bismarck ging davon aus, dass die Deutsche Hauptstadt in einem atemberaubenden Tempo wachsen würde. Auch die private Bauwirtschaft wollte im Sog des Reichsgründungs-Booms große Geschäfte machen. Der Hamburger Kaufmann und Bauunternehmer J. W. A. Carstenn hatte viel Erfolg gehabt mit dem Bau von Villen- und Mietshausvierteln und dem Ausbau von Zugangsstraßen dorthin. Er hatte ganze Stadtteile angelegt in Friedenau und Lichterfelde und sie gewinnbringend veräußert. Die heutige Bundesallee und damalige Kaiserallee wurde von ihm gebaut. [20] Man nannte ihn nicht ohne Grund den „Napoleon der Grundstücksspekulanten."

1872 erwarb er mit dem von ihm gegründeten „Berlin-Charlottenburger Bauverein" das gesamte Gelände von der Leibnizstraße bis zum Grunewald, in Halensee kaufte er die Ländereien des Ritterguts Wilmersdorf. Er wollte in diesem Gebiet nach bewährtem Muster eine Villenkolonie errichten (!) Er plante vom Olivaer Platz bis zum Grunewald nur eine Straßenbreite von 30 Metern. [21] Der Finanzminister aber lehnte den Genehmigungsantrag des Vereins für diese Breite von 30 m vom 27.07.1876 ab. [22]

Widerstand gegen die repräsentative Straßenbreite gab es aber nicht nur in der privaten Bauwirtschaft, sondern auch der Polizeipräsident trat für eine Breite von 30 Metern ein, weil er eine Straßenbreite von 53 m zu unübersichtlich und zu außergewöhnlich fand. Am einfachsten erschien es ihm, diese Pläne durch den natürlichen Egoismus der Grundstückseigentümer zu verhindern.

18) Bohm, a. a .O. S.90
19) Bohm, a .a. O. S.92
20) Bohm, a.a.O. S. 92
21) Bohm, a.a.O. S.88 u.a.
22) Paul Voigt, Grundrente und Wohnungsfrage in Berlin und seinen Vororten, Jena 1901, S. 218 - 221

Er ließ für den 14. November 1873 eine Versammlung der Anlieger einberufen. Diese mussten nämlich für die geplante herausragende Breite der Straße einen Teil ihrer Grundstücke unentgeltlich als Straßenland zur Verfügung stellen. Erstaunlicherweise wurde diese Eigentümerversammlung aber zu einer Demonstration großzügigen Bürgersinns, denn die Mehrheit der Anlieger stimmte der unentgeltlichen Abgabe der Grundstücksanteile zu. [23]

Der Straßenbau war natürlich auch damals schon eine öffentliche Aufgabe und hätte größtenteils staatlich finanziert werden müssen, nicht durch die privaten Grundstückseigentümer. Aber der preußische Staat wollte den Ausbau der Straße auf keinen Fall finanzieren. „Der preußische Fiskus war ungemein knickrig. Gleichzeitig beteiligte er sich wie ein gewöhnlicher und gewerbsmäßiger Kapitalist an den Bodenspekulationen." [24]

Die kaiserlichen Kabinettsanordnungen über die große Breite der Straße konnten zwar eine geringere Breite verhindern, aber sie konnten natürlich nicht den Straßenbau in Gang setzen. Nur die Verwaltung von Tiergarten ließ 1875 am alten Kurfürstendamm einen 5 Meter breiten Streifen provisorisch pflastern, damit endlich Wagenverkehr möglich wurde. [25] Und der Kaiser gewährte 1880 aus seiner Privatschatulle 40.000 Mark, um den alten Damm mit einem notdürftigen Pflaster zu versehen, so dass die Berliner auf direktem Weg in den Grunewald kommen konnten. [26]

Die private Bauwirtschaft stagnierte nach dem finanziellen Gründungskrach von 1873, der Bauunternehmer Carstenn geriet erst in eine Krise und dann in den Konkurs. Der Ausbau des Kurfürstendamms kam in dieser Zeit fast völlig zum Erliegen.

Der nächste Anstoß kam ausgerechnet von einem Baumschulenbesitzer. Der Hamburger – und geborene Engländer – John Booth kannte Bismarck, weil

23) *Metzger/Dunker, a.a.O. S.12*
24) *Bohm, a.a.O. S.93*
25) *Bohm ebda, a.a.O. S.25*
26) *Karl-Heinz Metzger, 100 Jahre Villenkolonie Grunewald, Berlin 1988, S.21;*
Metzger/Dunker, a.a.O. S.12

er auf dessen Privatbesitz Garten- und Forstanlagen betreute. Als er sich mit einem englischen Landsmann am östlichen Kurfürstendamm traf, malte der sich aus, welche Zukunft „das ganze vor uns liegende kahle Feld bei ordentlichen Straßenanlagen … haben müsse ".

Booth kam mit seinen englischen Freunden als Quereinsteiger auf eine völlig neue Idee. Der Kurfürstendamm sollte in der von Bismarck und dem Kaiser geplanten Breite von ihnen gebaut werden. Aber da man nicht wusste, ob „sich die Berliner an dieser Straße auch anbauen" würden, sollte ein Stück vom Forst Grunewald – ca. 250 ha – für den Bau einer Villenkolonie zur Verfügung gestellt werden zu einem bezahlbaren Pacht- oder Kaufpreis. [27]

Bismarck reagierte sofort außerordentlich positiv: „Wenn die Engländer… uns den Kurfürstendamm ausbauen wollen, so können sie gern ein Stück Grunewald bekommen." [28] Bismarck gelang es auch, den Kaiser für die Idee der englischen Investoren zu gewinnen, Wilhelm I. sicherte am 20.04.1881 schriftlich seine Unterstützung für das Projekt zu. Die Engländer gründeten die „Kurfürstendamm-Avenue-Company", die die Straße bauen sollte.

Diese geriet aber schon bald in finanzielle Schwierigkeiten. Es wurden nicht genug Aktien gezeichnet, weil die preußische Forstverwaltung die Fläche im Grunewald für den Bau einer Villenkolonie nicht herausrücken wollte. Man konnte sich dort höchstens vorstellen, ein größeres Areal vom Grunewald zur „Anlage einer großartigen Rennbahn" abzugeben. (!) [29]

Als die englische Aktiengesellschaft von der Bildfläche verschwand, war die Deutsche Bank durch das Interesse der ausländischen Investoren aufmerksam geworden auf das Entwicklungspotential beim Ausbau des Kurfürstendamms. Der bereits mit allen Schwierigkeiten und Intrigen vertraute John Booth mit Konsorten verhandelte einfach weiter im Auftrag der Deutschen Bank mit der preußischen Regierung auf der Basis der einmal gefundenen Zauberformel „Wald gegen Geld zum Ausbau des Kurfürstendamms."

27) vgl. Metzger, Villenkolonie, a.a.O. S. 21 f.
28) Metzger, a.a.O. S. 22
29) Metzger/Dunker, a.a.O. S. 14/15

Booth gelang es aufgrund eigenen Grundstücksbesitzes am Kurfürstendamm und durch seine freundschaftliche Beziehung zu Bismarck, im August 1882 einen Vertrag mit der Königlichen Regierung in Potsdam zu schließen. Darin verpflichtete er sich, den Kurfürstendamm in der vorgeschriebenen Breite von 53 m zu bauen. Dafür überließ ihm der preußische Fiskus das Vorkaufsrecht für eine Fläche von 234 ha Grunewaldgelände am westlichen Ende des Kurfürstendamms zur Errichtung einer Villenkolonie. Booth trat seine Rechte aus diesem Vertrag gegen eine Entschädigung an die Deutsche Bank ab. [30]

Die Deutsche Bank erwarb daraufhin gleich 155.000 qm Grundbesitz am Kurfürstendamm und in dessen Nähe gelegenes Land zum Preis von 2.060.314,55 Mark. Dann wurde am 22.12.1882 die Kurfürstendamm-Gesellschaft als Aktiengesellschaft gegründet, der die Deutsche Bank die Rechte aus dem Vertrag von Booth übertrug. [31]

Aber auch jetzt blieb der Widerstand nicht aus. Es gab damals schon Naturfreunde und Waldschützer, die sich vehement gegen diese Pläne wehrten. Der Grunewald begann damals direkt hinter dem S-Bahnhof Halensee – der deshalb noch „Grunewald" hieß – und die geplante Abholzung des bisherigen Stadtrandes führte zu starken Protesten in der Bevölkerung.

Ein Stück Grunewald in Halensee

30) Metzger/Dunker, a.a.O.S. 15; Lehmann, a.a.O.S. 23; Bohm, a.a.O.S. 35 u.a.
31) Bohm, a.a.O.S. 95

Auch der Berliner Magistrat war mit dieser Lösung überhaupt nicht einverstanden. [32]

Der für die Waldverkäufe zuständige Forstmeister Podbielski bekam seinerzeit massenhaft Drohbriefe. Die Leute stürmten sein Amtszimmer. Der joviale Herr machte gute Miene zum bösen Spiel und ließ eines Tages einen Zettel an sein Zimmer heften mit der Inschrift: „Der Minister ist mit der Axt in den Grunewald zur Holzauktion". Nach und nach haben sich die Berliner dann lieber „dem üblichen Phlegma hingegeben und räsonnieren nur noch für sich hin oder am Biertisch, wenn sie auch nicht weniger ergrimmt sind." [33]

Auch Staat und Verwaltung blockierten den Ausbau der Straße. Bismarck sprach später davon, dass hier „der fiskalische und bürokratische Standpunkt in seiner beschränktesten und krassesten Form zur Geltung kam." [34]

Schließlich waren aber alle vertraglichen Bedingungen vereinbart und die Finanzierung des Straßenausbaus gesichert. Die Arbeiten zum Ausbau des Kurfürstendamms konnten Anfang 1883 beginnen. Aus Kostengründen wurde Pflaster verwendet, das über den S-Bahnhof Grunewald aus Schlesien angeliefert wurde. Das Unternehmen war endlich in Gang gekommen und ließ sich nicht mehr aufhalten.

Die Pflasterung des Kurfürstendamms

32) Metzger/Dunker, a.a.O.S. 15
33) Wilmersdorf in alten Stadtansichten, Berlin 1988, S. 82 f.
34) John Booth in seinem Bericht für das „Grunewaldecho"

II. Der Ausbau des Kurfürstendamms – Straße ohne Häuser (1883 – 1900)

Der Ausbau einer repräsentativen Hauptstraße in einer nahezu unbebauten Gegend war ein einzigartiges Experiment; weder vorher noch nachher hat es je wieder etwas Vergleichbares gegeben. Wie bereits erwähnt, war in den alten Plänen ab 1685 der Kurfürstendamm als Route von Berlin-Mitte nach Charlottenburg-Wilmersdorf schon registriert. Allerdings „führte die Straße lediglich auf Karten und Bebauungsplänen ein imaginäres Dasein." Sie hatte noch keinen Straßencharakter im eigentlichen Sinn, weil sie nicht durch bewohntes Gebiet verlief.

„Man kann sagen, dass Berlin damals mit dem Zoologischen Garten aufhörte. Der Platz, auf dem heute die Kaiser-Wilhelm-Gedächtniskirche steht, war eine schlecht regulierte Straßenkreuzung. Westlich von ihr erhob sich wohl noch das eine oder andere Wohngebäude, dann kamen aber nur noch Kartoffeläcker und die für Berlin von jeher charakteristischen `Laubenkolonien´." [35]

Das Gebiet, durch das der Kurfürstendamm 1883 ausgebaut werden sollte, war vom Anfang bis zum Ende eine völlig ländliche Gegend. Es gibt Aquarellbilder aus dieser Zeit mit Feld- und Wiesenlandschaften, die als „Gegend des Kurfürstendamms" bezeichnet wurden. Am Beginn der Strecke direkt hinter dem Lützowufer gab es eine Lokalität „Park-Birk-Wäldchen" [36] als Ortsbezeichnung, denn es gab noch keine Straßenschilder mit der Aufschrift „Kurfürstendamm".

35) Fürstenberg, a.a.O.
36) Lehmann, a.a.O.S. 9

Fontane schildert in seinem Roman „Irrungen, Wirrungen" eine weite unbebaute Fläche vom Zoo bis nach Halensee-Grunewald. [37]

Diese literarische Beschreibung Fontanes entspricht der Aussage von John Booth´ englischem Landsmann 1881 beim Blick vom Zoo aus „über das ganze vor uns liegende kahle Feld" nach Westen. Außerdem war dieses Gebiet bis zur Konstanzer Straße im alten „Hopfenbruch" teilweise auch noch sumpfig; in diesem Feuchtgebiet befand sich am Olivaer Platz ein großer Teich, in dem noch nach 1900 die Kinder aus Halensee Frösche und Kröten fingen! [38]

Wie der Kurfürstendamm vor seinem Ausbau aussah, schildert Aloys Hennes in der Vossischen Zeitung vom 28.05.1885: „Wer jemals vom Zoologischen Garten aus auf dieser Linie nach dem Grunewald gewandert ist, hat sicher gelobt, es nie wieder zu tun, denn entweder hat man ein abscheuliches Steinpflaster zu bekämpfen, oder durch tiefen Sand zu waten. ... ein festes Auftreten war rein unmöglich." [39]

Die Blicke der zeitgenössischen Beobachter richteten sich also noch um 1885 auf eine völlig freie Landschaft, durch die eine fast unbegehbare Straße verlief. Hier sollte nun in Sand und Sumpf und Schottersteinen in einer Millionen-Metropole ein Weltstadt-Boulevard errichtet werden! Im Berliner Adreßbuch von 1877 war der Kurfürstendamm zwar schon verzeichnet, er hatte aber noch keine Hausnummern, weil es kaum Häuser gab. 1875 hatte der Baumeister Heinrich Munk zwischen Tauentzienstraße und Kurfürstendamm ein großes Mietshaus errichtet, das fast 15 Jahre lang isoliert stehenblieb. Die Berliner nannten es deshalb „Gespensterhaus". Westlich davon gab es nur einige wenige Villen.

Am anderen oberen Ende des Kurfürstendamms in Halensee sah es in dieser Zeit ähnlich ländlich aus, von Großstadt keine Spur, dieser Ortsteil von Wilmersdorf hatte noch nicht einmal Vorstadtcharakter. Halensee hieß dieser Bereich nach dem gleichnamigen See, der in einer Senke lag und deshalb

37) Lehmann, a.a.O. S. 25 ff
38) Erich Majewski, a.a.O. S.43
39) Metzger, a.a.O. S.22

23

wohl ursprünglich der „hohle See" war. Das ganze Gebiet nannte man „Halenseer Heide" oder auch nach der Kreisstadt „Teltower Heide". Von der Eisenzahnstraße bis zum Henriettenplatz verlief ein Sanddünenzug. [40]

In Julius Stindes Roman „Familie Buchholz" von 1885 berichtet die Heldin „Frau Wilhelmine": „Es lässt sich leider nicht leugnen, dass der Kurfürstendamm ziemlich versandet ist und sein Staub eine ganz besondere Flugkraft entwickelt, aber da ich das neue pellkartoffelfarbene Kleid mit hellbraunem Atlasbesatz angezogen hatte, so litt ich fast gar nicht, während die Frau Polizeileutnanten in ihrem schwarzen Kostüm... bald aussah, als ginge sie in Packpapier." [41]

Bei der Probefahrt eines Siemens-Elektromobils entstand 1882 eines der ersten authentischen Photos in dieser Zeit kurz vor dem Ausbau des Kurfürstendamms. Wir sehen einen schmalen Feldweg in einer sandigen Steppe mit einigen dünnen gebrechlichen Kiefern. [42]

Der Kurfürstendamm 1882

40) Erich Majewski, a.a.O. S. 3
41) Lehmann, a.a.O. S.33
42) Lehmann, a.a.O. S.14

Der älteste Ansiedlungskern von Halensee war das kurz vor dem Beginn des Kurfürstendamm-Ausbaus 1882 eröffnete „Wirtshaus am Halensee".

Nach der durch Bismarck veranlassten Verbreiterung des Kurfürstendammes in den 1870er Jahren hatte der geschäftstüchtige Gastronom Saeger es eröffnet. Er legte eine große Spargelkultur an und bewirtete seine Gäste mit Koteletts und frischem Spargel.

Das Wirtshaus am Halensee

Die ganze Ausflugsgegend Grunewald-Halensee hatte schon früh eine gute Verkehrsanbindung. Der erste Verkehr über den Kurfürstendamm durch Halensee nach Grunewald wurde wohl durch sogenannte „Torwagen" bedient. Die Besitzer der Wagen hielten an den Stadttoren Berlins und warteten auf Fahrgäste, die sich eine Ausflugsfahrt leisten wollten. Bis es zum ersten regulären Verkehr nach Halensee kam, wird man sich auch gelegentlich eine Droschke gemietet haben, wenn man ins Heideland fahren und im Waldgebiet um den „Holesee" frischen Tannenduft einatmen wollte. Schon „in den 70er Jahren wälzten sich beim Getöse und Rattern der Pferde-Omnibusse und Pferdebahnen der Equipagen, Droschken und Lastfuhrwerke ein Flutengedränge beim Getöse von Tausenden erholungsbedürftiger Menschen durch die staubigen Straßen des Sandmeers Berlin dahin, ruhelos, rastlos, aufgeregt..."[43]

Ausflugsverkehr in Halensee um 1890

Eine große Rolle spielte natürlich für die ganze Ausflugsgegend Halensee-Grunewald der S-Bahn-Anschluss. 1877 wurde der S-Bahnhof Halensee (damals noch „Grunewald") eröffnet und damit die Lücke in der Ringbahn-Strecke zwischen Schöneberg und Westend geschlossen. 1879 wurde der S-Bahnhof Grunewald (damals noch „Hundekehle") eröffnet an der sogenannten Wetzlarer Bahnlinie. [44]

Damit wurde nun endgültig der innerstädtische Massentourismus auf Trab gebracht. Die Berliner strömten vor allem aus den dicht bebauten Mietskasernen-Vierteln nach Halensee und Grunewald. Aber auch in den Geschäfts-

43) *Metzger, 100 Jahre Grunewald, a.a.O. S.16f*
44) *Majewski, a.a.O. S.60*

straßen von Berlin-Mitte wohnte man eher dicht gedrängt. Auf einer Quadratmeile waren damals 1 ½ Millionen Menschen zusammengedrängt. „Sonntags herrschte immer ein riesiger Verkehr nach dem Grunewald, der um diese Zeit noch bis an die Ringbahnstraße (heute Seesener Straße) heranreichte. In Scharen kamen die Berliner aus dem Osten, um die westliche „vornehme Gegend" kennenzulernen. [45]

Sicher wirkte sich der ständig anwachsende Ausflugsverkehr positiv aus auf den Ausbau des Kurfürstendamms. Die S-Bahn-Station Halensee gab der Straße eine zusätzliche Perspektive, weil sich um den Bahnhof herum langsam der älteste Ortskern in Halensee bildete.

Der S-Bahnhof Halensee

Bismarck hatte ursprünglich „wahrscheinlich an eine Prachtstraße gedacht, die lediglich der langsam vordringenden Bebauung den Weg weisen sollte." [46] So war es ja auch bei jeder Stadtplanung bisher üblich gewesen. Hier verlief

45) Wilmersdorf in Stadtansichten, a.a.O.S. 45
46) Bohm, a.a.O.S.64

die Entwicklung aber verrückterweise genau umgekehrt. Die Straße wurde auf der grünen Wiese angelegt bzw. in der sandigen Steppe. Sie wurde am Reißbrett entworfen und ohne Rücksicht auf mögliche Häuser gebaut. Die deutsche Bank weigerte sich sogar, die anliegenden Grundstücke für den Bau von Häusern zu verkaufen, ehe die Straße nicht fertig war. [47]

Anfang 1883 begann der Ausbau der Straße, es wurden Fahrbahnen, Reitweg und Bürgersteige angelegt. Am 17.03.1883 registrierte Emil Dominik im „Bär" den Beginn der Bauarbeiten: „schon sehen wir zwischen Fasanen- und Hardenbergstraße ein Stückchen der kommenden Prachtstraße entstehen, Berlin mit dem Grunewald verknüpfen und in mächtiger Breite 4 ½ Kilometer lang vom Lützowufer bis zum Halensee reichen." [48]

Allerdings war man mit dem Zeitplan für den Ausbau anfangs viel zu optimistisch. Man plante, im Oktober 1883 mit dem Straßenbau fertig zu sein. Stattdessen machte der Ausbau 1883 kaum Fortschritte. Die Kurfürstendamm-Gesellschaft beklagte sich über die Verzögerungstaktik verschiedener Behörden. [49]

Dennoch nahm das Werk langsam Gestalt an. Am 03. Juni 1884 konnte man mit der Straßenpflasterung beginnen. Am 22.11.1884 meldete der „Bär": „Die weitere Strecke des Kurfürstendamms ist in seiner ganzen Verlängerung bis zum Grunewald fertiggestellt."

Augenblicklich ist man damit beschäftigt, ihn zu beiden Seiten mit Akazienbäumen zu bepflanzen. In der Mitte der 15 Meter breiten Avenue befindet sich ein gleichfalls von jungen Akazienbäumen eingefaßter bequemer Reitweg, an dessen beiden Seiten Schienenstränge"[50] verliefen.

Während weiter gepflastert wurde, änderte die Kurfürstendamm-Gesellschaft ihre Pferdebahn-Pläne um in ein Dampfbahn-Projekt mit Rowan´schen

47) *Metzger/Dunker, a.a.O. S.20*
48) *Metzger/Dunker, a.a.O. S.17*
49) *ebda*
50) *Metzger/Dunker, a.a.O. S.20*

Dampfwagen. John Booth, der immer noch seine Finger im Spiel hatte, berichtete darüber: „Eines Tages forderte Bismarck mich auf, zu ihm zu kommen. Er wollte hinausfahren nach dem Kurfürstendamm, um selbst eine Probefahrt zu machen" Die Probefahrt hatte auf den Fürsten einen günstigen Eindruck gemacht. ... Die obrigkeitliche Genehmigung ließ nun nicht mehr lange auf sich warten." Die Schienen auf dem Kurfürstendamm wurden also nun für die Dampfstraßenbahn verlegt, die am 05.05.1886 in Betrieb ging. [51]

Die Dampfstraßenbahn auf dem Kurfürstendamm

Noch vor Eröffnung der Dampfbahn und der endgültigen Fertigstellung präsentierte sich der Kurfürstendamm im Frühjahr 1885 dem ständig wachsenden Besucherstrom schon durchaus attraktiv mit sieben nebeneinander verlaufenden Verkehrslinien." [52]

Der Ausbau des Kurfürstendamms wurde also im Frühjahr 1883 begonnen und im November 1884 abgeschlossen. Voll bepflanzt und funktionsfähig mit der Dampfstraßenbahn war der Boulevard dann im Frühjahr 1886.

51) Lehmann, a.a.O. S.24 f.
52) Metzger/Dunker, a.a.O. S.22

Dies war nach all den vorausgegangenen und noch während des Ausbaus anhaltenden Verzögerungen und Schwierigkeiten durch die Behörden eine kaum fassbare Meisterleistung, die heute sicherlich nicht wiederholbar wäre.

Man musste damals keine Rücksicht nehmen auf Lärmschutzverordnungen, weil es noch kaum Häuser und Anwohner beim Bau der Straße gab. Die Arbeiter ohne Tarifverträge mit bestimmten vorgeschriebenen Arbeitszeiten waren im Zweifel an 6 bis 7 Tagen in der Woche 10 bis 12 Stunden täglich tätig. Dies erfüllte bestimmt den Tatbestand der Ausbeutung, aber das sah man dem fertigen Kurfürstendamm nicht mehr an.

Eine weltberühmte Straße war sozusagen aus dem Nichts entstanden auf den Überresten eines alten Knüppeldamms und Reitwegs und einiger gepflasterter Streifen. Die Kurfürstendamm-Gesellschaft legte zwischen 1883 und 1886 „die Straße im noch wüsten Ackerland an". [53] „Es entstand ein Boulevard und Umgebung ohne antikische Unterschichten, ein Lackbezug über Heide und Sandboden, über Wildschweinkuhlen." [54] Im Frühjahr 1885 begann die Kurfürstendamm-Gesellschaft mit dem Verkauf der Grundstücke am neuen „Prachtboulevard".

1860 hatte der Preis für einen Quadratmeter Ackerland noch 12 Pfennig betragen, 1882 hatte die Gesellschaft etwa 13 Mark für den qm bezahlt. Schon 1885 verkaufte sie 24.302 qm zu einem Preis von 36,80 Mark. Als Berufsbezeichnung fand sich in dem 1905 erschienenen Buch „Berlin und die Berliner" mit einer Liste berühmter Kurfürstendamm-Anwohner die Berufsbezeichnung „Rentner. Wilmersdorfer Millionenbauer." Die Landverkäufer der ersten Stunde wurden an dem ganzen Unternehmen genau so reich wie die Weiterverkäufer der Kurfürstendamm-Gesellschaft und ihrer Aktionäre.

Millionenvermögen wuchsen ab 1860 in weniger als 40 Jahren praktisch aus dem Nichts. „Die sogenannten „Millionenbauern" sind mehr als eine Legende!..." [55]

53) Krüger, a.a.O. S.43
54) Bohm, a.a.O. S.78, „Der Spiegel" Nr.24 vom 6. 6. 77, Annemarie Weber
55) Carl Fürstenberg, a.a.O.

Die Deutsche Bank und ihre Kurfürstendamm-Gesellschaft saß natürlich an der Quelle und erzielte einen ganz überdurchschnittlichen Gewinn. Aber man muss zugeben, dass sie für ihr Geld auch einen großen Einsatz erbrachte. Es gab die „Berliner Skepsis, die sich scheute, Geld in einer „toten Gegend" zu investieren." „Es hat etwa zwanzig Jahre gedauert, bis der gewaltige Häuserzug mit seinem Hinterland sich einigermaßen geschlossen hat." [56]

Zu dieser Zeit (ca. 1885) begann Carl Fürstenberg von der Berliner Handelsgesellschaft sich mit dem Projekt zu befassen. Fürstenberg – und seinem Partner Rosenberg – gelang es, mit einer 50%-Beteiligung seiner Bank an der Kurfürstendamm-Gesellschaft seine Vision der Villenkolonie Grunewald zu entwickeln.

56) ebda

Allerdings bedeutete das Vorkaufsrecht für die 234 ha Grunewald aus dem von John Booth geschlossenen und an die Deutsche Bank abgetretenen Vertrag noch lange nicht, dass der preußische Staat dieses Gebiet nun auch tatsächlich verkaufte und für die Bebauung freigab.

Außerdem wurde der Kurfürstendamm am Olivaer Platz gekreuzt von dem berüchtigten „Schwarzen Graben", einem modrigen, stinkenden Sumpfgebiet im Bereich der heutigen Leibnizstraße. Die preußischen Ressortminister unternahmen nichts. Da erwies sich ein Unglück im Südosten Europas als Glücksfall für den Kurfürstendamm in Berlin: In Ungarn brach die Cholera aus und in der Türkei die Pest, und nun befürchtete man in Berlin, diese Seuchen könnten sich in der „großartigen Bazillenkultur" des Schwarzen Grabens ausbreiten und die Bevölkerung Charlottenburgs und Berlins bedrohen (damals noch zwei Städte).

Bismarck konnte als Chef des Gesundheitsressorts eingreifen und ordnete am 20.10.1889 an, dass der erste Spatenstich zur Kanalisation des Schwarzen Grabens getan wurde. Die Kurfürstendamm-Gesellschaft verpflichtete sich, die Trockenlegung und den Kanalbau zu bezahlen, und dafür erhielt sie nun endlich das Gelände und die Genehmigung zur Errichtung der Villenkolonie Grunewald.

John Booth berichtete später im Rückblick: „Nicht umsonst hat Fürst Bismarck in späteren Jahren sich wiederholt dahin geäußert, „daß ihm beim Bau des Kurfürstendamms unzählige Schwierigkeiten in den Weg gelegt worden seien, mehr, als alle Diplomaten Europas ihm je in einer Sache bereitet hätten." Ohne seine mächtige Förderung wäre das ganze Werk gescheitert. Nicht die vielen Mitarbeiter, nicht die Kurfürstendamm-Gesellschaft haben den Kurfürstendamm und die Villenkolonie Grunewald gemacht, nein – sie alle waren nur Handlanger des überragenden Mannes." [57]

Der Kurfürstendamm war vollendet, die Verkehrserschließung von Zoo nach Halensee-Grunewald garantiert, der Schwarze Graben zugeschüttet und kanalisiert. Der Verkauf der Grundstücke am Boulevard hatte begonnen – wenn

---

57) *Metzger, 100 Jahre Villenkolonie, a.a.O.S. 25 f.*

auch noch etwas schleppend. Man darf aber durchaus vermuten, dass ohne den nun beginnenden Ausbau der Villenkolonie Grunewald die ganze Entwicklung wieder ins Stocken geraten wäre. Denn mit Verkehrsmitteln ohne viele Fahrgäste und mit einer breiten Straße ohne ein angrenzendes Wohngebiet hätte es die Kurfürstendamm-Gesellschaft sicher erheblich schwerer gehabt, ihre Grundstücke am Kurfürstendamm gewinnbringend zu vermarkten.

Die Prominenz, die sich im Grunewald ansiedelte, kaufte erst die Grundstücke bei der Kurfürstendamm-Gesellschaft und finanzierte dann ihre Häuser über deren Gesellschafter, die Deutsche Bank und die Berliner Handelsgesellschaft. Die damit verbundenen Einnahmen erlaubten es den Banken umgekehrt, aufgrund ihrer guten finanziellen Ausstattung ihre Grundstücke am Kurfüstendamm nicht um jeden Preis zu verkaufen, sondern durchaus auch noch mit ihnen zu spekulieren, um sie dann zu einem späteren Zeitpunkt zu einem höheren Preis zu verkaufen.

Die Bevölkerungszahl von Berlin wuchs von 825.000 Einwohnern im Jahr 1871 auf 2,7 Millionen im Jahr 1900. Das bedeutete eine geänderte Planung für die Bebauungsweise am Kurfürstendamm. Die ersten Baumeister hatten am Anfang und am Ende des Kurfürstendamms noch an Villen gedacht und einzelne Landhausvillen gebaut.

Aber diese Villen passten dann bei der Neubebauung des Kurfürstendamms nicht mehr ins Bild, in die vorgesehene Straßenbreite oder in die Baufluchtlinien und wurden kurzerhand abgerissen. „Die Kurfürstendamm-Gesellschaft … ließ die Villen, Blumen- und Obstgärten beseitigen. … An den Seiten der Straße wurden alle alten Häuser niedergerissen (heute nennt man das Kahlschlagsanierung). … Sie machten neuen großartigen Wohngebäuden … Platz." [58] Dies geschah um die Jahrhundertwende 1895 - 1900.

Die ersten der neuen prunkvollen Wohnpaläste entstanden genau dort, wo die ersten einzelnen Wohnhäuser und ländlich-gewerblichen Häuser abgerissen wurden – am unteren und am oberen Ende des Kurfürstendamms, vom Lützowufer bis zur Joachimstaler Straße und rund um den 1884 an den

58) Wilmersdorf in Stadtansichten, S. 5

Henriettenplatz verlegten und umbenannten S-Bahnhof Halensee bis zur Joachim-Friedrich-Straße.

Der Henriettenplatz in Halensee

Aber die Wohnbebauung vollzog sich in einem gemächlichen Tempo, die Anwohner erlebten nach wie vor idyllische ländliche Verhältnisse. Zwischen der Johann-Sigismund-Straße, der Westfälischen Straße und der Ringbahnstraße (heute Seesener Straße) lag damals noch ein offenes Heidestück, das sogenannte Felddreieck.

Die Kinder aus den Halenseer Villen und Mietshäusern fanden zwischen ihren Wohnstraßen im Felddreieck ein ideales Spielgelände vor: „Das Dünengebiet war um 1900 teils noch offene Heide, teils schon umzäuntes Parzellengelände. So boten uns Rangen Felder und Heide märchenhafte Spielgefilde … Durch und um die Kiefernkuscheln konnten wir noch flinke Eidechsen und Kaninchen jagen und die Vögel in ihren Nestern belauschen." [59]

Innerhalb einer sehr kurzen Zeit wurde nun das freie Gelände bebaut. „Die Heidespielfreude vor unserem Haus in der Johann-Sigismund-Straße auf

59) Majewski, a.a.O. S. 4

dem oben angegebenen Felddreieck hat leider nicht lange angehalten. Denn in den Jahren 1896 bis 1899 wurde dieses Gelände Grundstück für Grundstück mit hohen Mietshäusern bebaut." [60]

Die Kinder aus der Gegend um den S-Bahnhof Halensee hatten aber einen nahe liegenden Ausweg, denn nur zwei Querstraßen weiter war die gewohnte ländliche Umgebung noch vorhanden: "Die Bebauung des Felddreiecks zwischen Westfälischer und Ringbahn-Straße zwang uns Kinder, unser Spielgebiet in die weiter südlich noch vorhandene Heideflur zu verlegen, vornehmlich in die Gegend zwischen Joachim-Friedrich-Straße und Eisenzahnstraße, die nur stellenweise parzelliert war.

Hier hatten noch Eidechsen, Vögel und Kaninchen Heimat und Tummelplätze ..." Man traf dort noch "Feldlerche und Haubenlerche ... Auch die zierliche Bachstelze ... war hier noch zu Hause." [61] Erich Majewski erzählte, dass er zusammen mit einem Soldaten noch 1901 in der südlichen Joachim-Friedrich-Straße einen ausgewachsenen Hasen gejagt habe.

Sehr beliebt war bei den Kindern auch das 1882 eröffnete "Wirtshaus am Halensee". Dort gab es einen Rummel mit Karussell, Schieß- und Würstchenbuden und einer Wasserrutschbahn; besonders ein Kasperletheater zog die Kinder in Scharen an. "Zehn Jahre nach der Eröffnung des Wirtshauses Saeger kam es am Kurfürstendamm zur Gründung weiterer Gaststätten hinter der Halenseeer Brücke. In allen diesen Restaurants ... galt der Grundsatz: der alte Brauch wird nicht gebrochen, Familien können Kaffee kochen." [62]

Auch die Berliner Hauswartsfrau Elise Genz hat als Zeitzeugin aus der Zeit um die Jahrhundertwende um 1900 aus Halensee berichtet. "Der ganze Kurfürstendamm, herunter bis zur Wilmersdorfer Straße, war links und rechts von Feldern eingesäumt, und die Berliner, die an Sonntagen zum Grunewald hinauspilgerten, konnten die Wilmersdorfer Bauern sogar noch beim Spargelstechen bewundern. Die Bebauung dieses Geländes kam erst so recht

60) Majewski, a.a.O. S. 8
61) Majewski, a.a.O. S. 4
62) Majewski, a.a.O. S. 16

nach 1905/1906 in Gang ... den Kinderwagen konnte man bequem von hier aus (gegenüber S-Bahnhof Halensee) über die Wiesen nach Charlottenburg schieben." [63] Im Teltower Kreisblatt wurde am 31. Mai 1888 eine Anzeige veröffentlicht: [64]

Mädchen u. Frauen
zum Spargelstechen sofort verlangt
auf den Anlagen am
Kurfürstendamm bei Halensee.

Eine Schilderung von 1884 zeigt ebenfalls den Kurfürstendamm als eine „Straße ohne Häuser": „Die neue Stadtbahn ist eröffnet und man fährt am Sonntag nachmittag nach „Bahnhof Hundekehle" (heute: S-Bahnhof Grunewald)... geht man zu Fuß heim, so passiert man das einsame Gasthaus am Halensee ... Nun folgt die endlose Straße, die heute Kurfürstendamm heißt und an der nur ein einziges Haus steht, „Gasthaus und Ausspann zur Sonne". Wo es lag? An der Ecke Wilmersdorfer Straße." [65]

Am anderen östlichen Teil des Kurfürstendamms, an seinem Beginn, entwickelte sich die Bebauung der Grundstücke ähnlich zäh und zögerlich wie in Halensee. In Charlottenburg wurde der Bereich um die Kaiser-Wilhelm-Gedächtniskirche zuerst bebaut sowie die Tauentzienstraße, auf der die Dampfstraßenbahn vom Nollendorfplatz vorbeifuhr, die ab 1899 elektrifiziert wurde.

Elektrische Straßenbahn auf dem Kurfürstendamm

63) *Wilmersdorf in Stadtansichten, a.a.O. S. 56*
64) *Lehmann, a.a.O.S. 30*
65) *Wilhelm Meyer-Förster über die Entstehung der Villenkolonie Grunewald (1934)*

Am unteren Kurfürstendamm war schon früh der „Zoologische Garten" ein bevorzugtes Ausflugsziel der Berliner – nicht nur wegen der mehrmals in der Woche stattfindenden Konzerte, sondern auch wegen der Restaurationen, die für jeden Geschmack und jeden Geldbeutel etwas boten.

1890 wurde vom „Evangelischen-Verein" ein Wettbewerb zur Entwicklung einer Kaiser-Wilhelm-Gedächtniskirche ausgeschrieben nach dem Tod Wilhelms I. 1888. Ursprünglich war der Wittenbergplatz als Standort vorgesehen, aber die Charlottenburger Stadtverordnetenversammlung stimmte dagegen. „So fiel die Wahl schließlich auf den noch namenlosen Platz F, der am 22. Oktober 1890, dem Geburtstag der Kaiserin, nach ihrem Namen in „Auguste-Viktoria-Platz" (heute Breitscheid-Platz) umbenannt wurde.

Am 22. März 1891 wurde in Anwesenheit Kaiser Wilhelms II. und seiner Familie der Grundstein für das von Franz von Schwechten im neoromanischen Stil projektierte Gotteshaus gelegt, das im Angedenken an den Großvater des regierenden Kaisers, Wilhelm I., den Namen Kaiser-Wilhelm-Gedächtniskirche erhielt.

Die Kaiser-Wilhelm-Gedächtniskirche

1895 fand die Einweihung der Kirche statt im Beisein der kaiserlichen Familie, der Kriegsveteranen und der wichtigsten Garderegimenter sowie sämtlicher Prominenz aus Adel und Politik. Die Kirche lag im Schnittpunkt von fünf Straßen, wobei der Kurfürstendamm um sie herumgeleitet wurde und dadurch sozusagen in zwei Straßen aufgeteilt wurde. Die Berliner nannten die Kirche „Taufhaus des Westens" frei nach dem einige hundert Meter entfernten „Kaufhaus des Westens". [66]

„Auf Anregung des Kaisers entstand rund um die Gedächtniskirche ein Ensemble von Bauten gleichen Stils, das sogenannte „Romanische Forum". Dazu gehörte das 1893-1896 ebenfalls von Schwechten projektierte Wohnhaus an der westlichen Seite des Platzes, am Kurfürstendamm 10/10a ... Das zweite Romanische Haus baute Schwechten 1889/90 an der östlichen Seite des Platzes, Ecke Tauentzien...wo 1916 das legendäre „Romanische Café" eröffnete." [67] Ebenfalls vor der Jahrhundertwende war an der Ecke zur Joachimstaler Straße das „Kleine Café" eingerichtet worden, das bis 1900 nur ein harmloser Treffpunkt war und erst nach 1900 zum literarischen Treffpunkt „Café des Westens" wurde.

Der Kurfürstendamm war also bis zur Joachimstaler Straße um 1900 auf beiden Seiten durchgehend mit fünfstöckigen Wohnhäusern bebaut. Bis zur Fasanenstraße gab es noch viele Lücken in der Häuserfront. Am übrigen Kurfürstendamm gab es überwiegend brachliegende Flächen am Rand der Straße. Wie war es zu dieser merkwürdigen Konstellation einer Straße durch eine Brache ohne Häuser gekommen? Die Kurfürstendamm-Gesellschaft hatte bis 1891 zwar sämtliche Grundstücke verkauft, und der Kurfürstendamm war auch – besonders an Sonn- und Feiertagen – als wichtigste Verbindung zwischen Berlin und den Ausflugszielen in Grunewald eine belebte und vielbefahrene Straße. Viele der verkauften Grundstücke blieben aber vorerst unbebaut, da den Bauherren inzwischen das Geld ausgegangen war.

Edmund Edel beschreibt das Gesicht des Kurfürstendamms Mitte der 1890er Jahre: „Und es war wüst und leer auf dem Kurfürstendamm. An der Ecke

---

66) *Lehmann, a.a.O. S. 40 f.*
67) *Stürickow, a.a.O. S. 25*

der Fasanenstraße stand als Bollwerk gegen die Gemüse- und Obstplantagen und gegen die Terrainspekulation eine zweistöckige Villa … Überall in dieser trostlosen Einöde, … klafften weite Strecken unbebauten Landes, hier und da stak eine Tafel zwischen weggeworfenen Konservenbüchsen und Müll: „Dieses Grundstück ist zu verkaufen."

Rund um den Bahnhof Zoologischer Garten streckten sich Brettergerüste in den Himmel, Rohbauten grinsten die wenigen Vorübergehenden aus ihren seelenlosen Fensteraugen an, über Geröll und Sand stolperte man, wenn man überhaupt in dieser trostlosen Gegend etwas zu tun hatte…" [68] Um die teuren Grundstücke nicht einfach unbebaut liegen zu lassen, gingen die Eigentümer oder Verpächter dazu über, das freie Gelände zu verpachten. So gab es auf dem Kurfürstendamm verschiedene Sportarenen. In Halensee wurde 1891 auf einem ehemaligen Spargelfeld eine Radrennbahn errichtet.

Nicht weit entfernt wurde 1887-1902 der „Sportpark am Kurfürstendamm" errichtet. In diesem Sportpark gab es eine Radrennbahn, einen Sportplatz und ein Luftsommerbad, in dem u. a. Damenradrennen durchgeführt wurden und Schönheitswettbewerbe für Männer. [69]

Selbst an einem zentralen Punkt das Kurfürstendamms an der Ecke zur Augsburger Straße standen „noch so wenige Häuser, dass der als Buffalo Bill zu Weltruhm gelangte Oberst W. T. Code … in einem neuumzäunten, mit

68) Stürickow, a.a.O. S. 33
69) Stürickow, a.a.O. S. 34

Gehölz bedeckten großen Parke seine legendäre Wildwestschau darbieten konnte, die 200 Indianer, Cowboys, Pfadfinder, Schützen, Reiter, 200 Tiere, Ponys, Esel, Wildpferde und Büffel umfasste.

1892 gab es am Ausgang der Stadtbahnstation Zoo eine „Ägyptische National-Ausstellung", bei der ganze Karawanen nach Mekka zogen. Im Mai 1900 schlug der mit 500 Angestellten angereiste amerikanische Staatszirkus „Barnum Bailey" gegenüber auf der Südseite des Kurfürstendamms seine insgesamt 17 Zelte auf. Zeitzeuge Majewski schildert, wie er mit anderen Kindern begeistert entdeckte, „daß eines Tages der ganze Güterbahnhof (Halensee) voller Zirkuswagen stand. Der amerikanische Zirkus Barnum & Bailey war mit eigenen Eisenbahnwagen in Berlin eingetroffen … und dann kam er die Güterstraße hoch!

Kraftstrotzende Elefantenriesen zogen und schoben Zirkuswagen mit Zeltmaterial und brüllenden Raubtieren herauf, marschierten über die Halenseebrücke und wanderten den Kurfürstendamm hinunter. Dazwischen trampte allerlei Getier, als wenn die Arche Noah ausgekippt worden wäre: Pferde, Zebras, Stiere, Kamele, spuckende Lamas, Schafe aller Sorten und andere Huftiere aller Gattungen, Giraffen, die sich Strohhüte der Gaffenden schnappten, um sie im Weitertrotteln zu zerkauen, Affen, die frei mitliefen und Strauße, die von Zirkusjungen als Reittiere benutzt wurden, kurz – eben die Arche!"

Nordöstlich neben dem Olivaer Platz hatte dann der Zirkus seine beiden großen Zelte aufgeschlagen. In einem Zelt fanden artistische Vorführungen statt. Im anderen Großzelt wurden Abnormitäten aus aller Herren Länder gezeigt: Siamesische Zwillinge, Frauen mit Bärten … Tiere mit zwei oder drei Köpfen und anderes mehr – eine Ansammlung makabrer Art. Das Lager glich mit Wagen, Stallzelten und Menagerie einer Kleinstadt. [70]

Der Kurfürstendamm um 1900 war also eine luxuriös angelegte „Prachtstraße" mit breiten Fahrspuren, Bürgersteigen, Reitweg und Straßenbahnschienen in der Mitte. Die einzelnen Spuren waren durch Baumstreifen markiert, und auf beiden Seiten gab es Vorgärten. Dieser Weltstadtboulevard war über

70) Majewski, a.a.O. S. 56

wiegend – zu ca. 70% - unbebaut, eine Straße ohne Häuser. Am oberen und am unteren Ende der Straße gab es eine urbane Bebauung und Zivilisation, aber sonst verlief die Straße durch eine Art Niemandsland.

Man sah abgesteckte Parzellen und Bauzäune, dahinter Gestrüpp und sandige Steppe, Müll oder Baugerüste. Daneben gab es in bunter Reihenfolge Ausstellungen und Sportflächen, Zirkuszelte, Eisbahnen und Tennisplätze, Laubenkolonien und Verkaufsflächen – ein Sammelsurium unterschiedlichster Art. Die „Interimsbauten" und Shows jener Zeit machten den Kurfürstendamm zu einer „Ausstellungs- und Schaustellungsstraße und verliehen ihm etwas beinahe Vorstädtisches." [71] Ein Photoalbum mit Aufnahmen aus dieser Zeit von beiden Seiten des Kurfürstendamms wäre heute als Sittengemälde von unschätzbarer Bedeutung. Aber es wurden natürlich nur fertige Häuser und Wohnbauten photographiert und nicht die unfertigen Ränder, die nun schnell bebaut werden sollten.

71) Bohm, a.a.O. S. 101

III. Die Bebauung des Kurfürstendamms im Rekordtempo (1900-1918)

So langsam der fertige Kurfürstendamm bis 1900 mit Häusern bebaut wurde, so schnell schritt die Bebauung dann seit der Jahrhundertwende fort. Das Tempo des Häuserbaus mit durchweg fünfgeschossigen Häusern samt Quer- und Hinterhäusern ist wohl in dieser Form kaum jemals wieder erreicht worden. Um 1900 war der Kurfürstendamm bis zur Fasanenstraße mit einigen Baulücken hinter der Joachimstaler Straße bebaut. 1905 gab es schon eine geschlossene Häuserreihe bis zur Wilmersdorfer Straße. [72] Vom anderen Ende her schritt die Bebauung ebenfalls zügig voran. Bis auf einige anders genutzte Freiflächen waren die Häuserzeilen am Boulevard um 1910 fast vollendet. [73]

Der Kurfürstendamm war nicht länger nur eine Straße, sondern auch eine gute Adresse für seine neuen Bewohner, die tief in die Tasche greifen mussten, um hier wohnen zu können. „Der Kurfürstendamm sollte eine hochherrschaftliche Straße werden. Um die reichen, steuerkräftigen Großbürger an den Kurfürstendamm zu locken, wurden prächtige, mit modernstem Komfort ausgestattete Wohnpaläste gebaut. [74]

Die Grundstücksspekulation und die angestrebte Maximalbebauung und – vermietung ist sicher auch ein wesentlicher Grund dafür, dass so viele Grundstücke so lange brach lagen. Den ersten Grundstückskäufern ging dann schon einmal das Geld aus, ehe sie bauen konnten. Aber auch beim Bau der Häuser gab es Unterbrechungen aufgrund finanzieller Schwierigkeiten.

Der Zeitzeuge Erich Majewski schildert seine Erinnerungen als 14jähriger 1906: „Als der Rohbau des Nachbarhauses … bereits fertiggestellt war, wurden wir eines Nachts durch einen gewaltigen Lärm geweckt. Wohl wegen nicht erfüllter Geldforderungen hatten Firmen in dem Neubau angelieferte Fensterrahmen, Türen usw. wieder abgeholt." Nach diesem Vorfall hatte das Haus noch für eine ganze Weile hohle Fensterhöhlen.

72) *Metzger/Dunker, a.a.O. S. 30*
73) *Krüger, a.a.O. S. 30*
74) *Metzger/Dunker, a.a.O. S. 26*

Ähnlich erging es auch dem Haus Kurfürstendamm 103/104, dessen Aufbau zweimal unterbrochen wurde. Als der halbe erste Stock in Arbeit stand, verließen die Arbeiter den Bau; auch nach dem zweiten Stock gab es eine längere Unterbrechung. Nachdem das Gebäude endlich fertiggestellt worden war, erhielt es jenen für ein Wohnhaus unförmlich hohen Turm, der einem Kleinstadtrathaus alle Ehre gemacht hätte. [75]

Haus mit Turm am Kurfürstendamm

Umso erstaunlicher ist es dann, dass der größere Teil des Kurfürstendamms in den zehn Jahren von ca. 1900 bis 1910 bebaut wurde und dies mit einer sehr anspruchsvollen Architektur und der für die damalige Zeit modernsten Technik.

75) Majewski, a.a.O. S. 41 f.

Die neue Prachtstraße war praktisch ohne jede Vorstufe entstanden, der so genannte „Lackbezug über Heide und Sand, über Wildschweinkuhlen" war kein „gewachsenes" städtisches Areal. [76] Und gerade deshalb konnten die Häuser in einer einheitlichen Bauweise errichtet werden. Höhe und Breite waren in gewisser Weise vorgegeben, und so entstand ein Baustil, der als „Kurfürstendammarchitektur" bezeichnet wurde.

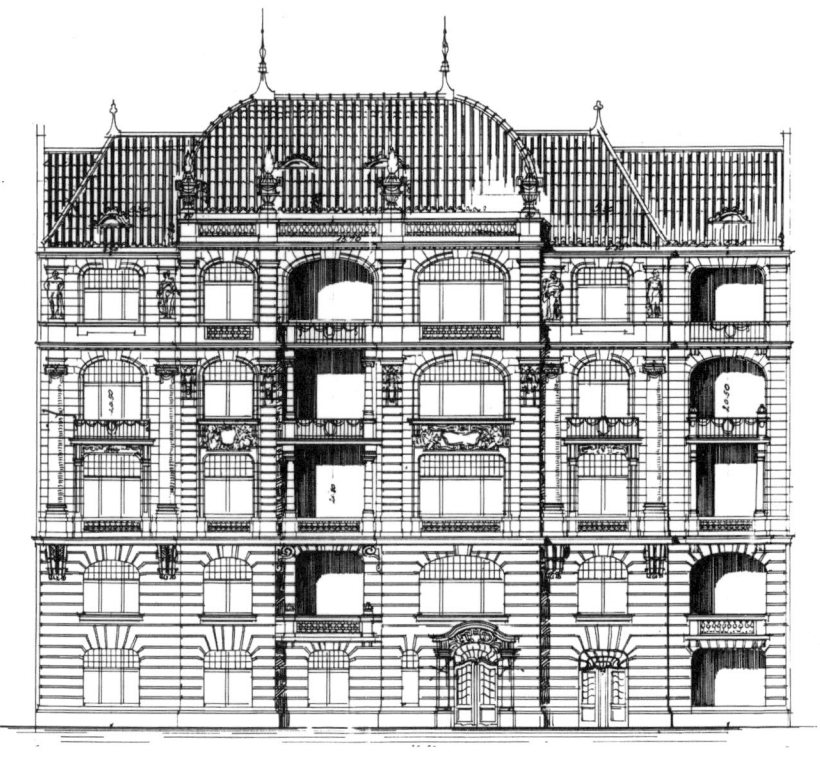

Kurfürstendamm 205.

Diese bildete aber sozusagen nur den Rahmen für die Häuserfront, bei der man sich an bestimmte Rahmendaten halten musste. Die dazu gehörende, hinter der Vorderfront liegende Hinterhofarchitektur mit Seitenflügeln, Quergebäuden und rückwärtigen Fronten – oft noch in parkartigen Gartenanlagen – schränkte diese Architektur nicht ein, sondern sie ergänzte sie auf

76) *Reissig, a.a.O. S. 179*

eine oft sehr originelle Art und Weise. Am Kurfürstendamm 208/209 lag das eigentliche Hauptgebäude anfangs im Garten und wurde erst sehr viel später von der Vorderfront in den Schatten gestellt und buchstäblich in den Hintergrund gerückt.

Kurfürstendamm 208/209 - Garteneingang

Die Höhe der Gebäude stand in einem organischen Zusammenhang mit der Länge der Blickachse von der Kaiser-Wilhelm-Gedächtniskirche bis nach Halensee. Der Betrachter konnte von beiden Enden her die ganze Straße sozusagen mit einem Blick erfassen. Die Baum- und Vorgartenbepflanzung hinderte dabei nicht, sondern sie erhöhte noch die Wirkung. Hier war tatsächlich ein Weltstadtboulevard entstanden, der nicht nur in Berlin zur führenden Straße aufgestiegen war, sondern auch in Europa.

So einfach nun die große Linie dieser von Querstraßen unterbrochenen Häuserzeilen war, so individuell war die Gestaltung der einzelnen Häuser und Fassaden. Hier mischten sich viele Stilrichtungen von der Neoromantik über Barock und Klassik bis zum Jugendstil. Man erzählte sich sogar, dass erst die

Maurermeister das Haus fertig stellten, bevor der Architekt den Bauherrn fragte: „Und welche Architektur soll's nun sein?" An den Fassaden wurden oft auch unterschiedliche Farben und Stilelemente verwendet, Steine von Marmor bis Granit, bunte Lasuren auf Balkonen und Verblendungselemente, vergoldete Gitter und sogar bemalte Dachrinnen oder angestrichene Zinkdächer.

Der fertige Kurfürstendamm

„Die Häuser … weisen meist eine bemerkenswerte Größe der Wohnungen auf und sind ausgestattet mit durch Balkone, Erker, Loggien und reich gegliederte Fassaden vorwiegend den Stilen der Romantik, der Renaissance und des Barock nachempfunden." Die Baukunst der wilhelminischen Epoche brachte es mit sich, dass die Dachgeschosse der Mietshäuser von Türmen und Kuppeln überragt wurden von oft seltsamer Größe und Gestalt.

Es ging übrigens auf eine kaiserliche Anordnung zurück, dass die Häuser am Kurfürstendamm möglichst Türme haben sollten. Vor allem viele Eckhäuser hatten solche Turmbauten. „Ja, das Haus Kurfürstendamm 150/Ecke Nestorstraße, krönte sogar ein ganzer Villenaufsatz mit Türmchen, den einmal ein Künstler als Luft- und Lustschloss bewohnte. [77]

Haus am Kurfürstendamm mit Turm und Villenaufsatz

Der neue Geldadel baute Wohnpaläste von pompöser Schönheit, „jede Etage ein komplettes Schloss sozusagen, mit Säulen und Simsen, Balkonen, Balustraden. Man wohnte herrschaftlich, sogar hochherrschaftlich." Es war sicher eine Klassengesellschaft, die hier residierte, 8 -10 oder sogar 12-14 Zimmer pro Wohnung empfand man als standesgemäß. Die Zimmerdecken waren mit Stuck geschmückt, breite marmorne Treppen führten im Flur nach oben, im Treppenhaus gab es antike Fresken und kunstvolle Glasfenster wie in

77) Majewski, a.a.O. S. 45

Kathedralen. Alle Häuser hatten Fahrstühle und Zentralheizung – damals noch eine Rarität. [78]

Treppenhaus in einem Haus
am Kurfürstendamm

Hauseingang in einem Haus am
Kurfürstendamm

Ein Ausdruck von Klassengesellschaft war es sicher auch, dass in die noch feuchten Neubauten die sogenannten „Trockenmieter" einzogen, die dann in den beheizten Räumen so lange umsonst wohnen konnten, bis die Wohnungen trocken waren und die hochherrschaftlichen Bewohner sie beziehen konnten. Die Standesunterschiede zeigten sich auch in der Beschriftung der Feudaltreppen mit dem Schild: „Aufgang nur für Herrschaften!" und die durch den Keller führenden Nebeneingänge zu den halsbrecherischen Wendeltreppen mit dem Hinweis: „für Dienstpersonal und Boten." [79]

78) Krüger, a.a.O. S. 55 f.
79) Majewski, a.a.O.S. 40; Krüger, a.a.O. S. 56

Das Romanische Haus rechts von der Kaiser-Wilhelm-Gedächtniskirche bot Luxuswohnungen an „für Familien mit großer Lebensführung". Das zweite romanische Haus auf der anderen Seite der Kirche war anfangs noch ein feudales Wohnhaus, vor dem sogar ein Rolandsbrunnen errichtet wurde.

Das Romanische Haus, Kurfürstendamm 10

Die Inneneinrichtung in den Häusern stand ihrer äußeren Gestalt keineswegs nach.

Es versteht sich beinahe von selbst, dass dieser neue Luxus-Schick beim Wohnen am Kurfürstendamm die Reichen und Einflussreichen in großer Zahl an den Boulevard lockte. „Berlin W. war das Feinste vom Feinen, wer auf sich hielt, musste hier eine Filiale oder Adresse haben." [80] Es wohnten hier Repräsentanten des alten und des neuen Reichtums, Rittergutsbesitzer, hochge-

80) Krüger, a.a.O. S. 46

49

stelle Offiziere und Vertreter des Adels ebenso wie Bankiers, Fabrikbesitzer, Kommerzienräte, Opernsänger, Ärzte und Rechtsanwälte. [81]

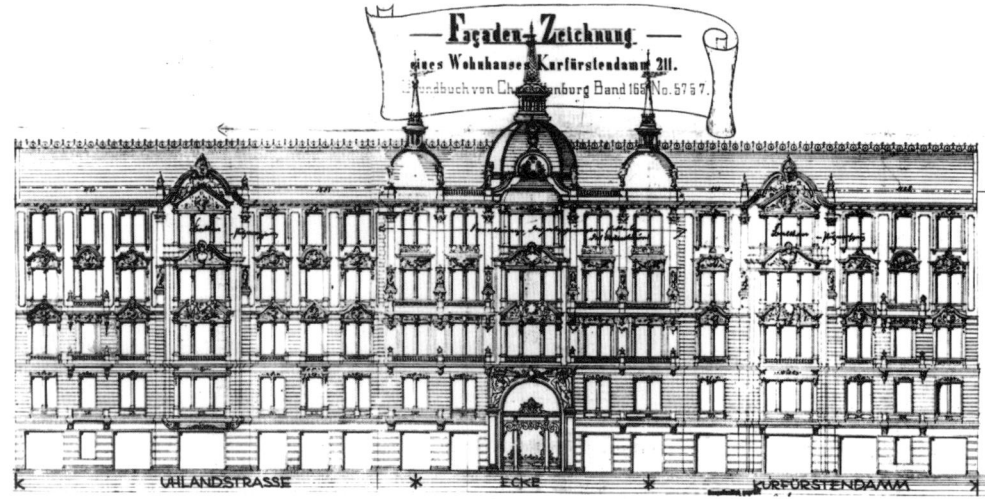

Luxuriöses Wohnen am Kurfürstendamm

„Hier war vor dem ersten Weltkrieg das bevorzugte Wohngebiet der Berliner Haute-volée, der hohen Ministerialbeamten, der Geheimräte, fremder Diplomaten, reicher Bankiers und Großkaufeute sowie bekannter Bühnengrößen" schreibt Zeitzeuge Majewski. [82] Man musste es sich leisten können, hier zu wohnen, und so zog der Wohnsitz am Kurfürstendamm fast automatisch gesellschaftliches Ansehen nach sich. Durch nichts konnte man damals die eigene Bedeutung so leicht demonstrieren wie durch einen Umzug an den Kurfürstendamm oder einen Zweitwohnsitz an der berühmten Straße.

Natürlich konnte es gerade deshalb nicht ausbleiben, dass die gesamte „Kurfürstendammarchitektur" mitsamt ihren Bewohnern bald auch in den Ruf der Protzerei geriet. Die Architekturkritik bemängelte den „Wirrwarr der landläufigen Kurfürstendamm-Architektur" („Bauwelt", 1911) und die Imitation sämtlicher alten deutschen und italienischen Stilelemente. Der Schriftsteller Erdmann Graser kritisierte schon um die Jahrhundertwende den halbferti-

81) *Metzger/Dunker, a.a.O. S. 34*
82) *Majewski, a.a.O. S. 50*

gen Kurfürstendamm an dem zwar noch „in Laubenkolonien Kürbisse und Petersilie gezogen wurden, aber die Gegend hatte ihr Renommée, daran war nicht mehr zu rütteln."

Edmund Edel schrieb 1906 „Berlin W. Ein paar Kapitel von der Oberfläche": „Berlin W. Draußen, wo die Protzenburger des Geldes den Kurfürstendamm säumen … da draußen, wo das Geld rollt, die Dienstmädchen weiße Häubchen tragen und die „Herren" Portiers auf hochherrschaftliche Ordnung halten und wo Berlin eigentlich Charlottenburg, Schöneberg oder Wilmersdorf ist, da draußen liegt Berlin W." [83]

Diese Kritik am Baustil und am Lebensstil der „Kurfürstendammer" hatte viele Gründe: Unbehagen gegenüber einer als „übertrieben" angesehenen Außendarstellung; Bedenken der traditionsbewussten wilhelminischen Oberschicht gegenüber dem Neuen und Unbekannten; das Spießertum einer kleinbürgerlichen Neidgesellschaft und die gesunde Skepsis vieler Berliner gegenüber den von ihnen als „angeberisch" angesehenen Wohn- und Lebensformen. Anfangs „fand man das fein. Später lachte man darüber. „Allet zum Abschrauben!" meinte der Berliner Mutterwitz voll Sarkasmus." [84]

Aber ob man nun Wohnungen und Bewohner des Kurfürstendamms mit Bewunderung, Neid oder Ablehnung ansah – es blieb eine erstaunliche Tatsache, dass mit der Entstehung der neuen Straße dort auch eine neue Geselschaft entstand. Reichtum gehörte zwar zu ihren Voraussetzungen, aber sie hatte eben nicht nur etwas mit Geld und Geschäften zu tun, sondern auch mit Geist, Witz und Modernität, mit technischem Fortschritt und der Förderung neuer Kunstformen. Es gab auch viel soziales Engagement und großzügiges Mäzenatentum, die vielen Wohltätigkeitsfeste in den großen Wohnungen waren sprichwörtlich.

Ursprünglich war der Kurfürstendamm als reine Wohnstraße geplant, und so wurde dieser Plan dann auch tatsächlich umgesetzt. Bis ca. 1900 entstanden fast ausschließlich große Wohnhäuser. Jede andere Infrastruktur fehlte der

83) vgl. zu dieser zeitgenössischen Kritik Metzger/Dunker, a.a.O. S. 30 - 36
84) Krüger, a.a.O. S. 56

Straße. Es zeigte sich wieder einmal, dass sie sozusagen am Reißbrett entworfen worden war, ohne dass man sich Gedanken darüber gemacht hatte, wie sie sich einmal entwickeln würde. Am Kurfürstendamm wurde blauäugig an allen denkbaren öffentlichen und geschäftlichen Nutzungen der Häuser an einem Weltstadt-Boulevard vorbeigeplant.

„Die ersten Baumeister, die am Kurfürstendamm Häuser errichteten, hatten nur an hochherrschaftliche Wohnungen gedacht. Es ist erstaunlich, dass sie glaubten, die Mittelader eines weiten Wohngebietes könne ohne Läden und fast ohne Gaststätten bleiben. Diese baumeisterliche Kurzsicht begann schon um 1900 etliche Millionen zu verschlingen, denn nun mussten in die Erdgeschosswohnungen Geschäfte und Restaurants eingebaut werden, und das machte teilweise erhebliche Umbauten notwendig." [85]

Kurfürstendamm 25 mit und ohne Läden

85) *Lehmann, a.a.O. S. 55*

Erstaunlich war dieser Vorgang vor allem deshalb, weil er sich nicht zum erstenmal in dieser Form abspielte. Ähnlich schmerzliche Erfahrungen hatte man weit über 100 Jahre früher schon bei anderen bekannten Berliner Straßen machen müssen, zum Beispiel „Unter den Linden", bei der Friedrichstraße oder der Leipziger Straße. Ausgerechnet bei dem in großem Stil erst sehr viel später angelegten Kurfürstendamm wiederholten sich nun sämtliche Kinderkrankheiten des Straßenbaus.

Während an einigen Stellen noch Wohnbauten errichtet wurden, setzte dann am östlichen Ende bereits der Umbau von Wohnhäusern in Geschäftshäuser ein. Am Anfang und am Ende des Kurfürstendamms war dafür schon Jahre vorher ein Grundstein gelegt worden. Es gab schon ab 1895 das „Kleine Café", bald „Café des Westens" genannt – am späteren Kranzlereck. Ab 1898 öffnete auch das „Café Möhring" sowie das eine oder andere Café rund um die Kaiser-Wilhelm-Gedächtniskirche. Und am oberen Ende des Boulevards in Halensee zogen das „Wirtshaus am Halensee" und einige Vergnügungslokale in dessen Nachbarschaft die Ausflügler am Wochenende an.

Wirtshaus am Halensee

Nach 1900 wurden nachträglich die meisten Erdgeschosse am Kurfürstendamm aufwendig umgebaut. Dadurch nahm aber dann bis kurz vor dem ersten Weltkrieg der Kurfürstendamm jene Gestalt an, die zu seinem Weltruhm
führte. 1907 wurde das „Kaufhaus des Westens" am Wittenbergplatz eingeweiht und zog wegen seines riesigen Sortiments Käufer aus der ganzen Stadt
an.

Für den Bau dieses Hauses wurden acht Mietshäuser abgerissen. Ein noch
größeres Kaufhaus mit dem Abriss von noch mehr Mietshäusern sollte kurz
vor dem ersten Weltkrieg am Kurfürstendamm an der Ecke zur Joachimstaler
Straße gebaut werden, das nur durch den Ausbruch des Krieges dann nicht
mehr verwirklicht wurde.

Aber insgesamt siedelten sich Geschäfte und Läden nur zögernd an. Zunächst
mussten die neuen Bewohner noch in die City fahren, um ihren Bedarf zu
decken. Exquisite und originelle Geschäfte gab es allerdings bald und zum
Teil auch nur am Kurfürstendamm.

Eigentlich war es bei der gesellschaftlichen Zusammensetzung der Anwohner am Kurfürstendamm aus Adel, Finanzwelt und Großbürgertum kaum
vorhersehbar, dass ausgerechnet Cafés, Restaurants und Hotels den Boulevard mit ihrem einmaligen Flair für die nächsten Jahrzehnte prägen würden.
Da sich aber der Kurfürstendamm genau in diese Richtung entwickelte, zog
er Filialen fasst aller bekannten gastronomischen Einrichtungen aus dem „alten Berlin" an.

Es gab ab 1902 als Filiale des Hotels Kaiserhof „Unter den Linden" im romanischen Haus an der Kaiser-Wilhelm-Gedächtniskirche die „Conditorei Kaiserhof", in dem im Kaiserreich die Repräsentanten aus Politik und Wirtschaft
verkehrten. [86] Aber insgesamt richteten sich die neu entstehenden Cafés an
ein anderes Publikum und gaben sich modern.

In vielen Cafés und Restaurants wurde zum Fünfuhr-Tee auch Tanz angeboten, eine Art Tanztee. Bis auf das Café Schilling hatten alle Cafés auch

86) Metzger/Dunker, a.a. O.S. 86

Nachtbetrieb, überall brach die „Tanzsucht" aus, man tanzte vom Souper an bis weit nach Mitternacht. [87]

Der Reiseführer empfahl 1912 neben dem „Café des Westens" und dem Café Möhring auch das Café Schilling, das 1898 als Filiale des Cafés an der Friedrichstraße 234 eröffnet worden war am Kurfürstendamm gegenüber der Kaiser-Wilhelm-Gedächtniskirche. 1911 wurden das Erdgeschoss und das erste Obergeschoss des Hauses Kurfürstendamm 16 umgebaut für das „Prinzeß-Café" – zweigeschossig und mit umlaufendem Rang. 1911 eröffnete am Kurfürstendamm 25 das „Hotel am Zoo", und das „Eden-Hotel" mit seiner berühmten Dachterrasse nahm 1912 seinen Betrieb auf. Schräg gegenüber dem Aquarium des Zoologischen Gartens „imponierte der aus Sandstein gefügte dreieckige Mammutbau - und darüber der verglaste Wintergarten." [88]

Das Eden-Hotel

Schräg gegenüber vom Hotel Eden wurden 1905 – 1907 am Rande des Zoologischen Gartens die „Ausstellungshallen am Zoo" gebaut.

Besonders originell war das Weinrestaurant „Sanssouci" an der Ecke Fasanenstraße am Kurfürstendamm 217, „das eigenartigste Lokal des Westens".

87) *ebda*
88) *Metzger / Dunker, a.a.O. S. 82 ff.*

Links und rechts der Eingangstür standen die Büsten Friedrichs des Großen und Voltaires. Der Saal hatte auch eine ebenerdige Bühne, auf der den Gästen zum Souper spanische, russische und amerikanische Tänze angeboten wurden. Der Inhaber des Lokals war der große Textdichter, Komponist und Pianist der leichten Muse, Rudolf Nelson. Er baute das Lokal nach dem ersten Weltkrieg zum „Nelson-Theater" um.

Der Reiseführer von 1912 empfahl auch das beliebte Bierrestaurant „Zum Fasan" an der Ecke zur Fasanenstraße, später Kempinski; „Café E.S.P." (Esplanade), Kurfürstendamm 220 mit Konzert bis 1 Uhr nachts; „Pschorrbräu", die Bar „The Queen" und das Weinrestaurant „Zum Austermeyer", Kurfürstendamm 237 an der Kaiser-Wilhelm-Gedächtniskirche. 1905 eröffnete das „Café Kutschera" im Haus der Sezession; das „Englische Café" Kurfürstendamm 12 mit Nachtbetrieb galt als gut ausgestattetes modernes Café. „Mampes gute Stube des Westens" eröffnete 1911 als „Antiquitätenkabinett im kleinen." „Alt-Berlin" wurde hier auf moderne Weise dargeboten, die „Likörstube" war äußerst originell. [89]

1912 wurde am Kurfürstendamm 193/194 ein neuartiges Projekt realisiert, das sogenannte „Boarding-Haus" im amerikanischen Stil. Am oberen Preislimit wurden luxuriös ausgestattete Privatwohnungen angeboten mit Service.

Der Boarding-Palast

89) ebda

Aber die Bauherren hatten sich finanziell übernommen, so dass 1912 statt der Eröffnung des Hauses die Versteigerung des Inventars durchgeführt werden musste. Erst nach 1 ½ Jahren fand sich ein neuer Investor, der das „Haus Cumberland" im Frühjahr eröffnete. Aber während des Ersten Weltkrieg von 1914 bis 1918 wurde hier das „Waffen- und Munitionsbeschaffungsamt" untergebracht. [90]

„Café des Westens" und „Secession"

Besonders berühmt wurden einige Lokalitäten als Treffpunkt von Besuchern, die den Räumlichkeiten den Glanz ihrer Kreativität verliehen. Im „Café des Westens" übernahm 1899 der berühmte Koch Rocco die Leitung, und dies vergrößerte in kurzer Zeit den Zustrom der Gäste.

Café des Westens

Bald kamen auch die Künstler aus der Innenstadt, und in dieser „Brutstätte der Bohème" gründete im Jahr 1900 Ernst von Wolzogen sein Kabarett-Theater „Überbrettl", das am 18.01.1901 in der Alexanderstraße 40 als erstes deutsches Kabarett Premiere hatte.

90) Metzger/Dunker, a.a.O. S. 96

Hier im Café entstand die Idee, ein literarisches Kabarett zu gründen.

Künstler im Café des Westens

Fünf Tage nach der Premiere des „Überbrettl" eröffnete dann das zweite Kabarett von Max Reinhardt und seinen Freunden am Potsdamer Platz. Mit diesen beiden Theatergründungen begann die Entwicklung des Kabaretts in Deutschland. Die Kunst, mit traditionellen Kulturgütern und dem Obrigkeitsstaat kritisch, frech und geistvoll umzugehen, kam sehr gut an beim Publikum. [91]

91) Stürickow, a.a.O. S. 53

Im „Café des Westens" trafen sich Dichter, Schauspieler, Maler, Zeichner, Karikaturisten und Kabarettisten, Komponisten der leichten und der ernsten Musik. Dazu kamen Verleger, Journalisten, Mäzene, Intendanten und Regisseure, die den Kontakt mit den Künstlern suchten und zu Geld machen wollten. „Die intellektuelle und künstlerische Avantgarde, die in Opposition zum wilhelminischen Staat und seinen überkommen Wert- und Moralvorstellungen stand, fand sich hier zusammen."

Hier verkehrten der Kritiker-Papst Alfred Kerr, Maximilian Harden, Christian Morgenstern, Frank Wedekind, Carl Sternheim, Richard Strauß, Walter Hasenclever, Franz Werfel, Ernst Toller. Hier tauchte auch der Verleger Ernst Rowohlt auf und viele Maler der Berliner Sezession. Aber auch August Bebel, Rosa Luxemburg und Karl Liebknecht tranken hier ihren Kaffee, Wilhelm Pieck soll Stammgast gewesen sein.

In den Jahren vor dem Ersten Weltkrieg wurde das „Café des Westens" Mittelpunkt des literarischen und auch malerischen Expressionismus. Else Lasker-Schüler und ihr Mann Herwarth Walden, René Schickele, Johannes Schlaf, Erich Mühsam, Arno Holz und Karl Strindberg trafen sich dort. Herwarth Walden gründete mit dem Kreis der Cafébesucher den „Verein der Kunst" und die eigene Wochenzeitung „Der Sturm" (erstmals erschienen am 03.03.1910). Am 20.02.1911 erschien die erste Nummer einer weiteren Zeitschrift „Aktion" von Franz Pfemfert, Carl Einstein und dem Maler Max Oppenheimer.

Die Angriffe der konservativen Presse ließen nicht auf sich warten. Ein Kritiker bezeichnete das Café des Westens als „Sammelstelle wilder Bohème und zügellosen, teilweise verkommenen Literatentums ... " [92]

Am 20.05.1899 wurde die erste Ausstellung der Secession im Haus an der Kantstraße eröffnet. Max Liebermann hielt die Eröffnungsrede. Er war in dieser Zeit durch seine Portraits und Landschaftsbilder durchaus schon ein anerkannter „Malerfürst" und Millionär.

92) *Willi Hellpach, Abende im Cafe Größenwahn in: Wirken und Wirren Band 1, Hamburg, S. 370 - 381*

Max Liebermann

Der Charlottenburger Oberbürgermeister „begrüßte die Deutsche Kunst in seiner Stadt ohne Ansehen der Person und der künstlerischen Richtung", „es handelte sich also keineswegs um eine Art Untergrundbewegung im damaligen Kaiserreich. Fast 2.000 geladene Gäste waren erschienen, die meisten Herren im Frack. [93]

Die Ausstellung wurde in der Presse als Erfolg gefeiert. Auch finanzkräftige Bürger waren erschienen. Die Maler wurden unterstützt von Geldgebern wie Walther Rathenau, Richard Israel, Julius Stern, Carl Fürstenberg u. a. Mitentscheidend für den Erfolg der Berliner Secession war aber auch die Zusammenarbeit mit dem Kunsthandel. Der „Salon Cassirer" von Bruno und Paul Cassirer verlegte Ausstellungskataloge und organisierte den Verkauf der Bilder im internationalen Rahmen.

Der Kaiser aber missbilligte die neue Kunst. „Die Kunst soll mithelfen," so sagte er, „erzieherisch auf das Volk einzuwirken und ihm die Möglichkeit zu geben, sich an dem Idealen wieder aufzurichten ... " Der Kaiser forderte, dass die Kunst „erhebt, statt dass sie in den Rinnstein niedersteigt." [94]

93) vgl. zum Thema „Secession" Metzger/Dunker, a.a.O. S. 58 ff.
94) Anfänge und Entwicklungen, Recklinghausen 1961, S. 82 - 85

Die sogenannte „Rinnsteinrede" des Kaisers rief natürlich alle Karikaturisten und Kabarettisten der Zeit auf den Plan. Die Avantgardisten der Secession wurden natürlich nur noch populärer durch den hochtrabend-spießigen Widerstand des Kaisers, der auf beängstigende Weise an spätere nationalsozialistische Kunstauffassungen erinnert.

Im Jahr 1905 zog die Secession von der Kantstraße an den Kurfürstendamm 208/209. „Das Haus liegt mitten zwischen prunkenden Fassaden der endlosen Prachtstraße Kurfürstendamm; der Architekt hat es dieser Umgebung geschickt entrückt, indem er die Front in einen von Arkaden umschlossenen Hof legte ... Im Obergeschoss befand sich das Restaurant-Café Kutschera, später „Café Rumpelmayer". Im großen Saal im Erdgeschoss wurde 1907/1908 ein Theatersaal eingebaut für Theateraufführungen in den Wintermonaten. [95]

Secession am Kurfürstendamm 208/209

Am 19.05.1905 wurde das neue Domizil eingeweiht mit einer Ausstellung des neugegründeten „Deutschen Künstlerbundes" und einem antikaiserlichen Plakat. Walter Leistikow gehörte neben Max Liebermann mit zu den Begründern der Berliner Secession.

95) Peter Paret Die Berliner Secession - Moderne Kunst und ihre Feinde im kaiserlichen Deutschland, Berlin 1913, S. 121

Walter Leistikow

Er hat vorwiegend Landschaftsbilder gemalt und darunter in der großen Mehrzahl Bilder vom Grunewald.

Hier am Kurfürstendamm wurden nun erstmalig in Deutschland die Bilder der wichtigsten Künstler des 20. Jahrhunderts ausgestellt: Max Beckmann, Emil Nolde, Wassily Kandinsky, Paul Klee, Oskar Kokoschka, Ernst Barlach, Claude Monet, Edward Munch und Lovis Corinth.

Lovis Corinth

In der Sommerausstellung von 1912 wurden auch erstmals Bilder von Pablo Picasso gezeigt. Die Secession hatte sich zur wichtigsten Institution zur Förderung moderner Kunst entwickelt. Sogar staatliche Museen kauften inzwischen secessionistische Bilder. Im Café des Westens verkehrten natürlich auch diese Künstler der Secession, die Architekten, Plakatkünstler, Kunstmäzene, Kunsthändler und Verleger der Kunstkataloge, Kunstbücher und -zeitschriften. Gemeinsam mit den führenden Literaten, den Dichtern, Kabarettisten und Schauspielern verhalfen sie dem Café bald zu dem Namen „Café Größenwahn".

Ernst Pauly, ab 1904 der Besitzer des Cafés, konnte sich den Ruhm dieses einfachen Treffpunktes selbst nicht erklären. Er äußerte sich einmal so: „Wieso gerade das kleine Café der Hauptsitz des Geistes geworden ist, kann kein Geschichtsschreiber ergründen … Es war, als wenn die Marmortische mit süßem Leim bestrichen wären, auf die die geistig bedeutenden Fliegen Berlins krochen und kleben blieben."

Auch Hans Ostwald, der 1905 eine Runde durch die Berliner Kaffeehäuser machte, versuchte, das Phänomen zu ergründen: „dicke, überhitzte Luft brütet in dem kleinen Eckcafé, niedrig, nur wie ein paar Zimmer. Gerade dies lockt all die jungen Leute von Berlin W. hierher, die es in ihren Ateliers nicht gemütlich haben und in deren möblierten Zimmern es im Winter scheußlich kalt ist."

Der Journalist Georg Zivier, selbst Stammgast im Café des Westens, nannte es eine „absichtlich unelegante Insel der halbschattigen Künstler (…), die in der rauchschwadigen Luft gegen den Pomp und das Tschinderabum des Wilhelminischen Zeitalters zu Protest saßen. Jeder Schluck Kaffee, den sie hier tranken, auf Pump oder bar, war eine Manifestation gegen die Stuckfassaden des Kurfürstendamms und überhaupt gegen die Luxuswelt, die viele erst zu schätzen begannen, als es sie nicht mehr gab." [96]

Protest gegen den Luxus des Kurfürstendamms in den Cafés und Restaurants des Kurfürstendamms? Diese beiden gegensätzlichen Phänomene schließen sich nur scheinbar aus: „denn merkwürdigerweise vertrugen sich z. B. im „Café des Westens" zwei Menschengruppen, die sich sonst lieber aus dem Weg gehen: ausgeflippte Künstler und gutsituierte Bürger." Diese beiden Gruppen gingen eine Symbiose ein: „Wer etwas hatte, zahlte, wer nichts hatte, pumpte, schnorrte." [97]

Die Reichen hatten – häufig gerade durch ihr Geld – eine gewisse geistige Unabhängigkeit und eine gewisse kritische Distanz zur eigenen Rolle. Spekulation und Geldvermehrung waren für sie kein Lebenszweck. Die Anwohner des Kurfürstendamms waren häufig gebildet, großzügig und humorvoll, offen für Neues. Manche gingen zunächst neugierig in das berühmt-berüchtigte „Café des Westens", dann fanden sie es interessant und reizvoll, empfahlen es weiter oder verabredeten sich dort mit ihren Freunden.

96) *Georg Zivier, Das romanische Cafe - Erscheinungen und Randerscheinungen rund um die Gedächtniskirche, Berlin 1965, S. 12*
97) *Metzger/Dunker, a.a.O. S. 50*

So kamen Vertreter des Großbürgertums – auch prominente – mit den Künstlern ins „Café des Westens". Bei den Bürgern wuchs die Aufgeschlossenheit und bei den Künstlern das Verständnis für die bürgerlichen Realitäten. Die Bürger erweiterten ihren Horizont, und die Künstler behielten die Bodenhaftung. Außerdem zogen auch viele Künstler in die Gegend des Kurfürstendamms, wo sie sich im Café regelmäßig trafen. Das Wohnumfeld am Kurfürstendamm veränderte sich, die Zusammensetzung der Mieter wurde vielfältiger. Die Mieterschaft liberalisierte sich. Viele der Mieter gingen ins Künstler-Café, umgekehrt wurden die Künstler sesshaft am Kurfürstendamm.

Viele namhafte Schauspieler wohnten hier, aber auch Unternehmer, Fabrikbesitzer und z. B. der Oberbürgermeister von Charlottenburg. Viele berühmte Persönlichkeiten hatten dort ihre Adresse: August Aschinger, E. Borsig, Rudolf Diesel, Tilla Durieux, Otto Gebühr, Robert Koch, Fritz Kreisler, Rudolf Nelson. Besonders hoch war am Kurfürstendamm der Anteil jüdischer Bewohner. In Charlottenburg und Wilmersdorf lag ihr Anteil bei rund 10%. Am Kurfürstendamm lag er schon 1910 bei ca. 25%. Das Charlottenburger Statistische Jahrbuch von 1910 zählte 35.811 Bewohner am Kurfürstendamm, 23.410 evangelische Christen, 8.095 „Israeliten" und 3.732 „römisch-katholische Christen".[98]

98) *Metzger/Dunker, a.a.O. S. 36*

Die Bewohner des Kurfürstendamms zeichneten sich aber nicht nur aus durch ihr Bildungsniveau, ihr kulturelles Interesse und ihre menschliche Aufgeschlossenheit, sondern auch durch ihr gesellschaftliches Engagement und ihre vorbildliche soziale Einstellung. Die vielen Wohltätigkeitsbälle in den Wohnungen wurden schon erwähnt, die vor allem von den „Gattinnen" der bedeutenden Anwohner veranstaltet wurden.

Frauen am Kurfürstendamm um 1910

Die Frauen am Kurfürstendamm spielten aber auch noch eine andere Rolle. Nicht selten sorgten die interessierten Bürgerinnen dafür, dass der begüterte Gatte einen verehrten Künstler förderte.

Häufig machten es sich die Gutsituierten zur Aufgabe, die mittellosen Künstler zu unterstützen. Der Oberkellner im „Café des Westens", Herr Holm, wurde von Else Lasker-Schüler als „König mit dem Zauberstab" bezeichnet. Der Zauberstab war ein Bleistift, mit dem er so manche Rechnung schrieb, die er dem eigentlichen Schuldner nie präsentierte. Herr Holm hatte nämlich mit zahlungskräftigen Mäzenen stillschweigende Abkommen getroffen, damit jene regelmäßig die Rechnungen ihrer Schützlinge beglichen. So zahlten beispielsweise die Ullstein-Brüder für Erich Mühsam, der Kunsthändler und Verleger Paul Cassirer für Else Lasker-Schüler.

Der großzügigste unter den Gönnern mittelloser Künstler war der Berliner Kaufmann und Kunstsammler James Simon (1851 – 1932). Er hatte der Deutschen Orient-Gesellschaft unter Prof. Ludwig Borchardt die finanziellen Mittel zur Verfügung gestellt, zwischen 1901 und 1914 umfangreiche Ausgrabungen in Ägypten durchzuführen, bei denen 1912 die Büste der Nofretete nach Berlin gebracht wurde. 1913 übergab er sie der ägyptischen Abteilung der königlich-preußischen Kunstsammlungen als Dauerleihgabe, und 1920 schenkte er sie endgültig dem preußischen Staat.

Einen Teil der von ihm gekauften Kunstwerke verkaufte er wieder. So hatte er die Mittel, notleidende aber begabte Künstler großzügig zu unterstützen. Als er erfuhr, wie viele Künstler in Berlin Hunger litten, ließ er sich eine Liste mit Namen und Adressen förderungswichtiger armer Künstler aufstellen. Der noble Kunstfreund hinterlegte sie bei Oberkellner Holm und bezahlte von nun an all ihre Rechnungen. Manchem brotlosen Künstler überwies er sogar von Zeit zu Zeit unter fingiertem Absender eine beachtliche Geldsumme.

Die Loyalität des Hauses gegenüber seinen mittellosen intellektuellen Gästen war einzigartig. Die Kellner übersahen es diskret, wenn ein Gast sich sein Abendbrot selbst mitbrachte und nur ein Glas Wasser bestellte. [99] 1917 gründete Wieland Herzfelde in seiner Dachatelier-Wohnung am Kurfürstendamm 76 den Malik-Verlag. Herzfelde schrieb später: „nicht einmal die Miete für das Atelier (mit Dampfheizung, Bad und Fahrstuhl) war ein Problem. Der Hauswart war gerührt und erstaunt, als ich ihm einmal eine Abzahlung auf die Mietschuld brachte. Mein Vormieter, so unterrichtete er mich, habe nie Miete bezahlt, und das könne man von Künstlern auch nicht erwarten. [100]

Die Verbindung von kultureller Avantgarde und Popularität war typisch für viele Einrichtungen am Kurfürstendamm. Die avantgardistische Kunst der Maler der Secession und die Bücher und Zeitschriften der Literaten machten Berlin nach 1900 zur künstlerischen Metropole Europas. Es ist sicher kein Zufall, dass diese kreative, experimentierfreudige Kunst am Kurfürstendamm

99) *Stürickow, a.a.O. S. 53 ff.*
100) *Wieland Herzfelde, Der Malik-Verlag 1916 - 1947, Ausstellungskatalog der deutschen Akademie der Künste zu Berlin-Ost, Berlin (Ost), 1967*

entstand und dort ihr Publikum und auch ihre Mäzene fand. Und immer mehr Künstler und Kunstliebhaber zogen nach Berlin. Viele Maler schlossen sich der Secession an, u. a. Lovis Corinth, Max Slevogt, Louis Tuaillon u. a.

Der Berliner Schriftsteller Horst Krüger hat in seinem Buch über den Kurfürstendamm das Kapitel über die geistig-künstlerische Entwicklung in Berlin und am Kurfürstendamm überschrieben: „Der Laufsteg des Weltgeistes". Seit dem Beginn des 20. Jahrhunderts war die junge Hauptstadt Deutschlands „die Bühne der Zeit und die geistige Hauptstadt Europas", zeitweise überflügelte sie sogar Paris, Rom und London. „Hier schlug das Herz der Epoche. Hier musste man mitmischen. Der Rest war Provinz."

Der Kurfürstendamm war so etwas wie der „Boulevard der Intellektuellen". „Der Geist des Kurfürstendamms, unverwechselbar im Vergleich mit allen anderen Quartieren Berlins, war kosmopolitisch und progressiv. Er war keß und witzig, leichtlebig, scharfzüngig, bewußt ironisch … Wann der Weltgeist persönlich hier eintraf, ist schwer auszumachen. Ich schätze, sehr früh, so um 1905. Kam er aus Paris, aus London, aus Wien, aus dem feinen Moskau? … Ich vermute, er kam von überall.

Er sitzt in einem Café am Boulevard. Er sieht wie ein junger Künstler aus", so Horst Krüger.

Der Widerstand gegen die traditionsverhaftete Oberschicht war nicht nur bei Künstlern und Journalisten verbreitet. Die Berliner waren eher generell gegen Pomp und Pathos. Sie verstanden zwar nicht unbedingt viel von der Kunst der „jungen Wilden", aber sie fanden es gut, dass sie ein Element der Auflehnung und des Protests enthielt, im Meckern waren die Berliner immer gut, auch schon zur Kaiserzeit.

Und nur so konnte es wohl dazu kommen, dass der Aufbruch einer avantgardistischen Minderheit mehrheitsfähig wurde. Ein Zeitungsartikel jagte den anderen, Karikaturen und Photographien bebilderten die Texte. Horst Krüger stellt auch fest: „Wenn es je einen Ort gelungener deutsch-jüdischer Symbiose im Reich gegeben haben sollte, so ist es diese Straße gewesen ... jüdische Intellektuelle, Künstler, Literaten, Kulturmanager haben ihr zu jenem Glanz verholfen, der sie weltberühmt machte. Aber es war auch viel Polnisches, Schlesisches, Russisches eingemischt. "

Aber dies alles zeigte sich nicht nur im geistig-kulturellen Bereich, in Büchern, Bildern und Aufführungen. Am Kurfürstendamm wurde auch vor allem an den Wochenenden anschaulich vorgeführt, wer und was sich auf dieser Straße bewegte. Einheitlich war an diesem ganzen Treiben nur die Lust am Sehen und Gesehenwerden, so wie es die Berliner schon immer und bis heute dahin gezogen hat, „wo etwas los ist".

Sehen und Gesehen werden

Zeitzeuge Majewski berichtet, dass er um 1903 noch bunte Jagdaufzüge sah auf dem Weg nach Grunewald. Bald wurden die Sonntagsbilder in Halensee noch bunter und lebhafter. Neben den Scharen der Ausflügler, die mit Ringbahn, Dampfbahn oder zu Fuß nach Halensee und in den Grunewald strömten, gab es auch eine endlose Schlange von Kutschen und Kremsern und Droschken. Die Korsofahrt war das Sonntagsvergnügen des damaligen vornehmen Berliner Westens. Im Winter bevölkerte eine Kette von Pferdeschlitten den Kurfürstendamm.

Da es hier schon immer viel zu sehen gab, bot das Leben am Kurfürstendamm vielen gute Verdienstmöglichkeiten. Ein Leierkastenmann soll es zum Hausbesitzer gebracht haben. Die Eierwaffelbäcker und ambulanten Obsthändler machten ebenso gute Geschäfte wie die Gastwirte und Weißbierlauben in der Schlüter-, Leibniz- und Wilmersdorfer Straße und am Lehniner Platz. [101]

Die vielen Fahrzeuge und Fußgänger benutzten den Kurfürstendamm aber nicht nur als Durchgangsstrecke nach Halensee und Grunewald, sondern der Kurfürstendamm hatte auf den größten unbebauten Grundstücken auch selbst Dauerattraktionen zu bieten. 1901 vermietete der Rudolf-Mosse-Verlag das Grundstück am Kurfürstendamm 153-156 an die „Internationale Ausstellung für Feuerschutz und Rettungswesen", wo 685 Aussteller die neuesten technischen Errungenschaften zeigten.

Internationale Ausstellung für Feuerschutz und Rettungswesen, Haupteingangsgebäude um 1901

101) Majewski, a.a.O. S. 52 ff.

1902 befand sich die älteste und größte Radfahr- und Automobil-Lehrbahn Deutschlands am Kurfürstendamm 54-56.

Radfahr- und Automobillehrbahn, Kurfürstendamm 54 - 56

1904/05 konnten sich Besucher auf den „Lawn-Tennisplätzen des Westens" am Kurfürstendamm 56-60 sportlich betätigen. Um 1904/05 fand auf dem Mosse-Gelände Kurfürstendamm 153-156 das größte Spektakel statt bei der „Flottenschauspiel GmbH". In einem 60 mal 70 m großen Wasserbecken mit Tribünen für 4.000 Besucher wurden mit Elektro-Schiffsmodellen Seeschlachten simuliert. Ein Jahr später führte eine Theatergesellschaft das Schauspiel „Der Untergang von Pompeji" auf mit 300 Beteiligten, und am Ende wurde der Ausbruch des Vesuvs mit einem riesigen Feuerwerk dargestellt, was zahlreiche Beschwerden der Anwohner wegen des nächtlichen Lärms auslöste. [102]

Szenenbild aus: „Der Untergang von Pompeji"

102) Reissig, a.a.O. S. 183

All diese Vergnügungsangebote wurden aber noch übertroffen durch den Hauptanziehungspunkt am Ende des Kurfürstendamms: das Vergnügungsviertel in Halensee mit dem Lunapark. Das „Wirtshaus am Halensee" konnte sich gegen die wachsende Konkurrenz nicht mehr behaupten. Da kaufte der stadtbekannte Gastronom August Aschinger das 117000 qm große Gelände mit dem Eingang am Kurfürstendamm 124 A (heute unmittelbar an der Auffahrt zur Stadtautobahn).

Am Ufer des Halensees wurde ein dreigeschossiger Terrassenbau angelegt mit zwei pagodenartigen Türmen am Eingang. Ein Wasserfall ergoss sich vom Kurfürstendamm in den Halensee. Hier entstand ein Restaurant von fast märchenhaftem Glanz. Die Türme am Eingang waren mit buntem Glas gedeckt und wurden nachts erleuchtet.

Terrassen am Halensee

Am 19.5.1904 wurden diese unvergleichlichen „Halensee-Terrassen" eröffnet. Doch dieses neue Ausfluglokal zog nicht so viele Besucher an wie erwartet, und so musste sich der Pächter etwas Außergewöhnliches einfallen lassen.

Im Frühjahr 1909 wurde die „Lunapark GmbH" gegründet, und im Mai 1910 wurde der Lunapark als größter europäische Vergnügungspark eröffnet. Schon Mitte Juli 1910 wurde eine Million Besucher gezählt, die Saison dauerte jeweils von Mai bis Oktober.

Nach dem neuesten Stand amerikanischer Technik wurde hier eine Sensation an die andere gereiht. Es gab eine Berg- und Talbahn von 6 km Schienenlänge mit einem Gefälle von bis zu 80 %, die durch saisonbedingt wechselnde Kulissen raste.

Berg- und Talbahn im Lunapark

Eine Wasserrutschbahn ließ die Besucher kreischen, ein Zeppelin-Karussell erzeugte Schwindelgefühle. Die Wackeltreppen brachten alle aus dem Gleichgewicht, das Spiegelkabinett verzerrte die Konturen, und eine Teufelsscheibe schleuderte jeden bei der ersten drehenden Bewegung herunter. Eine Windmaschine wehte den Herren die Hüte vom Kopf und den Damen die Röcke über die Knie. Um die verschiedenen Sinneserregungen und die künstlich erzeugte Seekrankheit zu verarbeiten, gab es Bier, Wein und Schnaps, die reichlich konsumiert wurden. .

Dazu traten Artisten auf. Abends wurde oft ein großes Feuerwerk als Abschluss geboten. Der Lunapark war die größte Attraktion am Kurfürstendamm, ein „Super-Kurfürstendamm", eine „Pointe des Kurfürstendamms". [103] Der Kurfürstendamm war die „Pilgerstraße ins Schlaraffenland". [104]

Eingangsbereich des Lunaparks

Das Publikum des Lunaparks reichte vom Dienstmädchen bis zum Hochschullehrer, Studenten amüsierten sich hier ebenso wie Offiziere. „Der Lunapark war Treffpunkt der Lebewelt und „der Kleinen Leute" Die Großen der Sportwelt waren hier ebenso zu Gast, wie Künstler von Theater und Film. Frauen zeigten ihre körperlichen Reize und ihre neueste Garderobe, Kinder tobten durch die Anlage und versuchten mit allerhand Tricks, den Eintritt zu „schnorren".

103) Metzger /Dunker, a. a.O. S. 77 ff.
104) Majewski, a.a.O. S. 55

Und immer wieder kamen Männer hier gewaltig unter die Räder. Ein Ehemann war schon einmal mit seinen Saufkumpanen in Halensee im Vergnügen untergegangen und „versackt". So musste er beim nächsten Männerausflug versprechen, seiner Frau eine Ansichtskarte vom Lunapark zu schicken. Aber er war wohl auch diesmal nicht mehr nüchtern genug, denn diese Karte kam nie an. Vom Lunapark sind übrigens unzählige Ansichtskarten geschrieben worden, er war eines der beliebtesten Postkartenmotive von Berlin.

Der Erste Weltkrieg

In diese Welt des scheinbar unbegrenzten Amüsierbetriebs brach der Erste Weltkrieg im Sommer 1914 ein, ohne dass man zuerst den ganzen Ernst dieses Ereignisses zu begreifen vermochte. In Reden und Paraden und kaiserlichen Aufrufen sah dieser Krieg am Anfang so aus, als diene er dem höheren Ruhm des Vaterlandes und der Steigerung der nationalen Ehre. Ganze Schulklassen mit teilweise 17-jährigen Schülern meldeten sich als Kriegsfreiwillige, die Jungen waren stolz, „des Kaisers Rock" zu tragen.

Die ersten Siege an der Westfront versetzten die Menschen in einen nationalen Taumel und bestätigten die gehobene Stimmung aller „vaterländisch Gesinnten", während die Kriegsgegner aus den sozialistischen Parteien als „vaterlandslose Gesellen" galten. Aber nach den ersten verlustreichen Schlachten und vor allem dem entbehrungsreichen Stellungskrieg im Westen griff in Deutschland und in Berlin die Ernüchterung um sich – in den Arbeitervierteln schneller als im wohlhabenden Westen von Berlin.

Am Kurfürstendamm war die Skepsis gegenüber dem konservativen Militarismus ja schon immer stark verbreitet gewesen. Die jungen Künstler und Angehörigen des Kulturbetriebs wurden genauso eingezogen wie die Angestellten der Geschäfte, Cafés und Restaurants. Die Offiziere und Berufssoldaten in ihren schicken Uniformen flanierten nun nicht mehr über den Kurfürstendamm. Aus der öffentlichkeitswirksamen Schau war Ernst geworden, der durch die Todesnachrichten in den Zeitungen düster bestätigt wurde.

Trotzdem ist von vielen Zeitzeugen berichtet worden, dass am Kurfürstendamm vom Krieg wenig zu spüren war, als führe er ein Eigenleben. Die Prachtstraße wäre ja für Truppenparaden bevorzugt geeignet gewesen, aber sie bekam kaum Soldatenstiefel zu sehen: man spürte wohl, wie unpassend militärische Aufmärsche auf dem Weltstadtboulevard gewesen wären. Den Caféhäusern fehlte es zwar an Besuchern und den Restaurants an Lebensmitteln für die Zubereitung von Speisen, aber der Kurfürstendamm blieb auch im Krieg überwiegend ein zutiefst „ziviler" Lebensbereich.

Natürlich brachte der Krieg bald erhebliche Versorgungskrisen mit sich. Nicht nur Brot und Kartoffeln wurden rationiert, sondern auch Schuhe und Seife, Heizung und Beleuchtung. [105] Auch am Kurfürstendamm wurde auf Balkonen und in Hofgärten Gemüse angebaut. In den Innenhöfen errichtete man Kaninchen– und Ziegenställe, manche Hühnerzucht fand sogar in großen Wohnräumen statt, als die Lebensmittelknappheit immer stärker wurde.

Aber insgesamt waren die Bewohner des Kurfürstendamms immer noch besser vernetzt und wussten sich besser zu helfen als die Arbeiterfamilien in den Mietskasernen des Berliner Nordens und Ostens. Die „Kurfürstendammer" hatten Beziehungen zu den Gütern im näheren und weiteren Umland und bekamen von dort manchmal Eilpakete in Notsituationen. Es gab zum Beispiel bei den Familien am Kurfürstendamm viele Ammen, Kindermädchen und Dienstboten aller Art aus Brandenburg, Mecklenburg, Pommern und Schlesien, die für „ihre" Herrschaften und „ihre" Kinder sorgten. Und natürlich gab es für die Millionäre auch einen Zugang zum „grauen" oder „schwarzen" Markt, den die einfachen Berliner nicht hatten.

Aber weil es kaum arbeitsfähige Männer gab, die nicht im Krieg waren, mussten auch schon einmal berühmte weibliche Stars selbst den Schnee vom Bürgersteig schieben. Dieser Personalmangel traf gerechterweise nur die Reichen und nicht die Armen. Doch die Menschen am Kurfürstendamm waren wie immer hilfsbereit und erfindungsreich und fanden Mittel und Wege, um zu überleben.Natürlich atmete man auf, als der Krieg endlich vorbei war.

105) *Damals und heute, Berlin 2003, a.a.O. S. 358*

IV. Die „Goldenen zwanziger Jahre"

Nach dem Ende des Krieges und der Abdankung des Kaisers wurde in Berlin die Republik ausgerufen. Die damit verbundenen sozialen und revolutionären Umbrüche mit Aufständen und extremen politischen Situationen gab es überwiegend in der alten City. Der Kurfürstendamm blieb davon weitgehend verschont. Hier gingen die Menschen nach Kriegsende genauso entspannt spazieren wie in Grunewald.

Das einzige gewalttätige Ereignis war die Verhaftung der Kommunisten Rosa Luxemburg und Karl Liebknecht, die ins Eden–Hotel - damals noch Kurfürstendamm in der heutigen Budapester Straße – eingeliefert wurden, wo sich das Stabsquartier der Garde-Kavallerie-Schützendivision unentgeltlich einquartiert hatte. Die Kommunistenführer wurden hier verhört, sie sollen auch misshandelt worden sein.

Am 15.1.1919 sollten sie getrennt ins Untersuchungsgefängnis Moabit gebracht werden, doch schon vor dem Hotel wurden sie zusammengeschlagen. Karl Liebknecht versuchte wohl während der Fahrt zu fliehen und wurde erschossen; seine Leiche wurde als „unbekannter Spartakist" in der Unfallstation am Zoo eingeliefert. Die Leiche von Rosa Luxemburg wurde am nächsten Tag aus dem Landwehrkanal gefischt. [106]

Nach dem verlorenem Krieg ließ sich am Kurfürstendamm noch einmal eine Steigerung von Lebenslust und Vergnügungssucht beobachten, denen allerdings Fesseln angelegt wurden, denn es gab erstmals in Berlin eine Sperrstunde. Alle Lokale und Bühnen mussten um Mitternacht schließen. Aber am Kurfürstendamm wurde dieses Verbot am konsequentesten umgangen, und wer nach Mitternacht noch etwas erleben wollte, musste nur zum Kurfürstendamm fahren. Je nach Einschätzung der Unternehmer waren Tanzdielen und Bars entweder offen oder geschlossen.

Wenn eine Firma einmal offiziell kontrolliert und bestraft worden war, wurde sie eine Woche später unter neuem Namen eröffnet. Der Reiz des Verbotenen

106) Lehmann, a.a.a.O. S. 66

erhöhte die Preise. In den vornehmen Weinstuben konnte man zwischen 0 und 4 Uhr nachts gegen Aufschlag auf die Getränkepreise Nacktänzerinnen zwischen den Tischen und Stühlen bestaunen. [107]

In der Cacadubar an der Ecke zur Joachimsthaler Straße konnte der Besitzer sich manchmal sicher sein vor Kontrollen und hatte Betrieb bis zum frühen Morgen. Halblegale Informationen kursierten über mögliche polizeiliche Eingriffe und Zugriffe. Auf die Dauer ließ sich aber das Nachtleben am Kurfürstendamm nicht unterdrücken. Die Gesetze passten sich den gesellschaftlichen Zuständen an und nicht das Vergnügungsleben den gesetzlichen Vorschriften. Mit der Währungsreform von 1924 wurden fast alle Vergnügungen legalisiert.

Die „Goldenen zwanziger Jahre" in Berlin waren wohl vor allem am Kurfürstendamm zu Hause. Thomas Wolfe hat diese Straße einmal als „das größte Caféhaus Europas" bezeichnet. Es war in der Tat ein Phänomen, dass am Kurfürstendamm vom Anfang bis etwa zur Knesebeckstraße kein einziges Haus ohne Restaurant, Café, Bar Weinstube oder Bierkneipe war. Auf der einen Seite der

Thomas Wolfe

Straße gab es gastronomische Einrichtungen von 10 – 35a, auf der anderen Seite ebenso durchgehend in der Hausnummern von 208/09 bis Nr. 235.

107) Reissig, a.a.O. S. 185

„Der Kurfürstendamm ist die Hauptvergnügungsstraße in Groß-Berlin geworden und hat in dieser Beziehung selbst die Friedrichstraße überholt. Da sieht man in kaum noch unterbrochener Reihenfolge Kinos, Kaffeehäuser, Bars, Kabaretts, und Weinstuben, und dazwischen schieben sich, ganz auf den Geschmack eines zahlungskräftigen Publikums abgestimmt, vornehm eingerichtete Buch- und Kunsthandlungen, elegante Modesalons und sonstige Luxusgeschäfte." [108] Dass all diese Lokalitäten nebeneinander gut existieren konnten, lag sicher daran, dass hier für jeden Geschmack und für jeden Geldbeutel etwas zu finden war.

Zwar trafen sich die Arbeiter aus dem Wedding im allgemeinen lieber in ihrer Eckkneipe als am Kurfürstendamm. Aber wenn sie einmal eine exquisite Sause machen wollten, war der Boulevard bestimmt kein Tabu für sie, sondern eher ein besonderer Anziehungspunkt. Denn typisch für den Kurfürstendamm war es, dass hier jeder „auf dem Teppich blieb" und dass mit dem Aufstieg unter die oberen Zehntausend keine Arroganz verbunden war.

Das beste Beispiel für die Verbindungen von hohem Niveau und erstklassigem Ruf mit populärem Massenbetrieb war das Hotel-Restaurant Kempinski an der Ecke des Kurfürstendamms zur Fasanenstraße.

Hotel–Restaurant Kempinski (1930)

108) Gert Moreck, Führer durch das lasterhafte Berlin, Leipzig 1930, S. 43

Es war ein nobel ausgestattetes Speiselokal, wo man in luxuriöser Umgebung auch preiswert essen konnte nach dem Motto: halbe Portionen für halbe Preise. Die Küchenräume mussten bald weiter ausgebaut werden in ein oberes Stockwerk. Hier wurden täglich 2000 Menschen bewirtet, 80 Mitarbeiterinnen und Mitarbeiter gehörten zum Küchenpersonal, darunter 30 Köche und 5 Konditoren unter einem Küchenchef und Küchendirektor.

Die Liste der prominenten Gäste war beeindruckend: Max Reinhardt und sein Bruder Edmund Reinhardt, Heinrich Mann, der berühmt-berüchtigte Wahrsager Erik Hanussen, die Schauspielerin Fritz Massary, Zarah Leander, Marikka Rökk, Gustav Gründgens und viele andere. Wer sich zum Essen zurückziehen wollte, konnte auch in einem kleinen abgetrennten Raum essen. Aber viele bekannte Künstler suchten durchaus auch beim Essen ihr „Publikum" und ließen sich gern bestaunen.

Berthold Kempinski hat dieses Konzept mit der Mischung aus großem Publikum und großer Prominenz nicht nur für sein Hotel-Restaurant erfunden und entwickelt. Es wurde bald charakteristisch für den ganzen Kurfürstendamm. Kempinski erschuf die „Sozialisierung des Luxus", die er in seinen Lokalen einführte. Die großen Hotels und Kaufhäuser machten es ihm nach. Sie alle machten Angebote für die sehnsüchtigen Wünsche vieler Menschen: "Einmal leben wie ein Fürst". [109]

Nicht nur bei derartigen Vergnügungsbetrieben machte sich in den zwanziger Jahren immer stärker amerikanischer Einfluss bemerkbar. Ein amerikanisches Schnellrestaurant mit dem bezeichnenden Namen „Quick" eröffnete an der Ecke zur Joachimstaler Straße, 1928 machte kurz vor der Fasanenstraße ein weiteres amerikanische Schnellrestaurant „Roberts" auf, der „anglo-american Teeroom" am oberen Kurfürstendamm setzte eher auf Stille und Vornehmheit.

Und die „Queen-Bar", auch „Königin" oder „American-Bar" genannt, veranstaltete seit 1921 am Kurfürstendamm 237 an der Kaiser-Wilhelm-Gedächtniskirche den bekanntesten 5-Uhr-Tee mit Jazz-Kapelle und abends auch

109) Metzger/Dunker, a.a.O. S. 114 ff.

Gesangsvorträgen und Tanzvorführungen. Diese Bar durfte sich zu den 3 oder 4 führenden Bars der Welt zählen, und sie hatte auch ein internationales Welt-Publikum. [110]

„Queen-Bar", Café „Königin"

Bei der Entstehung und Entwicklung des Kurfürstendamms stand der französische Einfluss mit Paris und den Champs Elyseés als Vorbild an erster Stelle. Jetzt war der „American Way of Life" überall stark im Kommen, nicht nur in der Gastronomie, sondern auch in der Filmwirtschaft und in der Vergnügungsindustrie wie zum Beispiel dem Lunapark. Aber die Amerika-Bewunderer Bert Brecht und Georg Grosz lebten und arbeiteten gerade deshalb gern am Kurfürstendamm.

Das internationale und „weltläufige" Flair des Kurfürstendamms zeigte sich auch in der gastronomischen Präsenz anderer Länder. Die Wiener Kaffeehaus-Kultur war durch das Café Wien am Kurfürstendamm 26 vertreten.

Café Wien am Kurfürstendamm 26

110) Metzger/Dunker, a.a.O. S. 116

Im gleichen Haus wurden im Zigeunerkeller ungarische Spezialitäten zu „ungarischer „Zigeunermusik" angeboten. Neben dem Gloria-Palast in der Kaiser-Wilhelm-Gedächtnis-Kirche lag das ungarische Luxusrestaurant „Weisz-Czardas". Das italienische „Ristorante-Venezia" lag hinter der Kreuzung Kurfürstendamm-Uhlandstraße. Die berühmtesten deutschen Cafés und Restaurants aus Vorkriegszeiten hatten ihren Betrieb nach dem Krieg wieder aufgenommen. Im ehemaligen „Café des Westens" gab es die berühmteste Neugründung, eine Filiale des „Café Kranzler", die 1932 am Kranzler-Eck eröffnete. Französischer Einfluß dominierte in der „Kaffee-Plantage" und gegenüber Café Uhland-Eck am Kurfürstendamm 31 an der Ecke zur Uhlandstraße.

Café Uhlandeck um 1930

In diesem Eckhaus konnte man eine Tendenz ablesen, die sonst nur eine kriegerische Zerstörung mit anschließendem Neuaufbau mit sich bringt wie etwa die nach dem Zweiten Weltkrieg. Die Architekturkritik hatte sich ja schon gleich nach dem Bau des Kurfürstendamms gegen die ausladende Fassadengestaltung ereifert. In den zwanziger Jahren aber hatte man nun das Ideal gefunden, dem so viel wie möglich vom Stuck und Prunk der Wilhelminischen Ära zum Opfer fallen sollte: es hieß „Neue Sachlichkeit", und die Bauhausarchitektur stand Pate.

Sobald Gebäude umgebaut oder erneuert werden mussten, wurden ganze Fassaden abgeschlagen und durch glatte Wände mit gekachelten oder farbig markierten Bändern ersetzt. Sogar Balkons und Terrassen wurden zerstört und abgetragen - ohne Grund. Das Abschlagen von Gründerzeitfassaden galt als „Verschönerung". Und hätte man die Türme und Dachaufbauten der Häuser mit derselben Leichtigkeit entfernen können, so hätte man sicher auch das getan.

Es kam hinzu, dass an den Fassaden des Kurfürstendamms Werbung in Form von Lichtreklame, Spruchbändern und sogar freizügigen erotischen Darstellungen erlaubt war, während in der alten City an den historischen Gebäuden jede Art von Reklame verboten war. Die Geschäftsleute der Straße „Unter den Linden" beklagten sich darüber, dass dadurch ihre Häuser und Geschäfte einen musealen Charakter erhielten und sie selbst nicht mehr konkurrenzfähig seien in einer „Geschäftsstraße zweiten Ranges". [111]

Allerdings erreichte dafür die Werbung am Kurfürstendamm bei einigen Firmen und Geschäften manchmal durchaus den Gipfel der Geschmacklosigkeit. Es wurden öfter lebendige Personen als Attrappen in die Schaufenster gestellt oder gesetzt.

Insgesamt war der Kurfürstendamm in der Mitte der zwanziger Jahre die attraktivste Geschäftsstraße der Stadt. Kaum eine bedeutende Firma konnte es sich leisten, hier keine Filiale zu haben. Denn diese Straße war der Wohnsitz der Millionäre, in ihrem Einzugsbereich wohnte ein großer Teil der „Oberen Zehntausend", nicht nur von Berlin, sondern auch der ganzen Republik. Im „Jahrbuch der Millionäre" von 1913 fanden sich bereits 45 Millionäre am Kurfürstendamm mit einem Vermögen von mehr als 3 Millionen Mark und noch eine vielfache Zahl von „einfachen Millionären".

Die vielen Luxusgeschäfte sprachen bewusst die Bewohner des Kurfürstendamms an, überwiegend das reiche liberale Bürgertum aus Finanz, Kultur und Handel mit einem hohen jüdischen Anteil. Natürlich waren darunter auch Kriegsgewinnler, Emporkömmlinge und Spekulanten, später auch Inflationsgewinner. Aber am Kurfürstendamm traf man eben immer auch auf die künstlerische, kulturelle und modische Avantgarde.

111) Berliner Tageblatt vom 26.1.1927

Hier eröffneten in rascher Folge nach dem Ende des Ersten Weltkriegs neue Geschäfte oder Filialen bekannter Geschäfte aus der alten City. Es gab viele Schuhgeschäfte wie Salamander, Stiller und Leiser, viele Schmuck- und Juwelengeschäfte. Das große Seidenhaus „Michels & Co" eröffnete einen viel beachteten Laden.

Seidenhaus Michels

Der Architekt Bruno Paul baute ein modernes Geschäft für Ullstein-Schnittmuster. Bis zur Uhlandstraße sah man noch Wertheim, Jacoby (Schuhe), Ehlermann (Hüte), Geschäfte für Tabak, Schokolade, Tee, Strümpfe, Korsette, Duftstoffe und Geschenkwaren, Läden für Uhren und Pelze – ein wahrhaft einmaliges Einkaufsparadies.

Ein Beispiel für weitsichtige Geschäftsstrategie mit einem breit gefächertem Angebot für Stoffe, Wäsche, Stickereien und Kurzwaren war die Firma Grünfeld. Sie kaufte 1923 das Grundstück Kurfürstendamm 227 an der Ecke zur Joachimstaler Straße. Ein Abriß war nicht erlaubt, so wurde ein äußerst gelungener Totalumbau durchgeführt im Stil der neuen Sachlichkeit.

Dies sicherte der „Grünfeld-Ecke" die Aufmerksamkeit des kaufwilligen Publikums. Möglichst viel Licht verdeutlichte den Qualitätsanspruch der Grünfeld-Ware.

Grünfeld-Haus, Kurfürstendamm 227 (um 1928)

Sogar nach 1933 konnte die jüdische Firma Grünfeld noch Erfolge verbuchen, weil Sie als „Schaustück für die Weltöffentlichkeit" von den Nationalsozialisten bis 1937/38 geduldet wurde. [112]

In der zweiten Hälfte der zwanziger Jahre drängten auch die Autofirmen an den oberen Kurfürstendamm, die sich vorher überwiegend am Kaiserdamm und in der Bismarckstraße niedergelassen hatten. Am oberen Kurfürstendamm gab es auch viele Modesalons, Frisiersalons, Hotels und Pensionen, Feinkostläden sowie hochwertige Cafés und Restaurants wie etwa Café Jester in der Nr. 62 – später Café Reimann.

112) Metzger/Dunker, a.a.O.S. 108 ff.

Café Reimann, Kudamm 35

Außerdem lagen am oberen Kurfürstendamm die Weinstube „Lilly Neidhardt" in der Nr. 69 und das Café Kurfürstendamm Nr. 70 – später „Café Melodie". Auf der Südseite gab es das „Café Astoria" in der Nummer 182/183 und im Boarding-Palast Nr. 193/194 das Kabarett „Der blaue Vogel" und das „Palmenhaus", in dem große Nelson-Revuen gezeigt wurden.

Auch mehrere Buchhandlungen konnten sich am Kurfürstendamm für das gebildete Publikum etablieren. Am 1.10. 1922 eröffnete Camilla Späth ihren Laden. Marga Schöller betrieb im Auftrag der Buchhandlung Buchholz aus der Leipziger Straße eine Filiale am Kurfürstendamm.[113]

Dass gerade Buchhandlungen und Kunsthandlungen sich lange am Kurfürstendamm halten konnten, lag an dem immer stärker aufblühenden Kulturleben in den zwanziger Jahren. Noch stärker als am Anfang des Jahrhunderts war der Kurfürstendamm das Zentrum von Kultur und Medien.

Der neue Treff- und Sammelpunkt der künstlerischen Elite wurde nach dem Ersten Weltkrieg das Romanische Café neben der Kaiser-Wilhelm-Gedächtniskirche. Es erschien völlig unverständlich, warum sich ausgerechnet die kreativen und oft extravaganten Künstler im Romanischen Café trafen, das in vielfacher Hinsicht gar nicht zu ihnen passte.

113) Später machte sich Marga Schiller selbstständig

Das Romanische Café

Es galt als ausgesprochen hässliches Café und sah im Inneren mit seinen beiden Haupträumen aus wie eine längliche Bahnhofswartehalle. Es war bekannt für sein geschmackloses Interieur und seine schlechte Küche. Die klassischen Mahlzeiten waren Würstchen mit Gulaschsaft (!) und 2 Eier im Glas „Der Kaffee war schlecht, der Kuchen alt, die Eier im Glas teuer, die Wiener Schnitzel unerschwinglich; aber das Deutsche Beefsteak für eine Mark das beste der Stadt … Mit seine altmodischen Mamortischchen, unbequemen Stühlen und verschossenen Sofas war es eines der häßlichsten Cafés." [114] Ein solches Urteil hatte ja in ähnlicher Form schon gegolten für das „Café des Westens" (das „Café Größenwahn").

114) Hans Tasiemka, Es war im „Romanischen" in: F. Henseleit, Berliner Boheme, S. 36

Das Romanische Café

Außerdem passte das protzige Haus mit seiner unechten „romanischen" Fassade und den im oberen Teil vermieteten Luxusetagen kaum zu den neuen Gästen. „Die schärfsten Kritiker des Kaiserreichs und seiner übrig gebliebenen Relikte und Apparate in der Weimarer Republik trafen sich hier, in einem Haus, das zu den pompösen Symbolen eben jener Epoche gehörte, der man demonstrativ den Rücken kehrte. [115]

Genau diese kahlen, kalten und fast unwirtlichen Räumlichkeiten aber wurden zum Treffpunkt der geistigen und künstlerischen Elite Berlins. Hier war ein Umschlagplatz für Literatur, Geist und Kultur. Hier trafen sich Dichter und Kritiker, Vertreter der ernsten und der heiteren Muse, Schauspieler und Kabarettisten. Hier wurden Projekte geschmiedet, Verträge unterschrieben, Genies entdeckt oder auch hohle Phrasen gedroschen.

115) Metzger/Dunker, a.a.O. S. 141

Hans Sahl hat in seinen Erinnerungen das Romanische Café beschrieben als „Obdachlosenasyl für die Unbehausten im Geiste, die Maler, Dichter, Denker so wie die Nutznießer, die mit den Unbehausten ins Geschäft kommen wollten, die Händler, Makler, Filmverleiher, Buchhändler, Verleger…" Das Café wurde auch bezeichnet als „Wartesaal des Genius", „Olymp der brotlosen Künstler" (Paul Erich Marcus = PEM). Es war, schrieb ein Journalist rückblickend in den 60er Jahren, „Pumpstation, Salon, Auskunftsbüro, Diskutierklub, Lesesaal, Büro und Panoptikum zugleich." [116]

Fast alle bekannten Künstler oder Kulturschaffende der zwanziger Jahre verkehrten im Romanischen Café, zum Beispiel Kurt Tucholsky, Joachim Ringelnatz, Ernst Rowohlt, Egon Erwin Kisch, Sylvia Harden, der expressionistische Dichter Klabund, Gottfried Benn, Ernst Lubitsch, Fritz Lang, Alfred Kerr, Heinrich Mann, Carl Zuckmayer, Rudolf Nelson, Josef Roth und viele andere.

Klabund   *Kerr*

Die meisten der hier aufgezählten Prominenten gehörten auch schon zu den Besuchern im „Café des Westens", sie hatten nur einfach ihren Treffpunkt verlagert. Dort hatten sich damals die Idealisten getroffen ohne materielle Ansprüche und ohne das vordringliche Streben nach eigenem Ruhm. Jetzt versammelte sich im Romanischen Café eine neue Bohème, die nach Karriere und materieller Sicherheit strebte.

Es war, wie der Journalist PEM es als Stammgast des Romanischen Ca-

116) Stürickow, a.a.O. S. 61

fés formulierte, „eine Bohème der Praxis und nicht der Ideale … Business, das Schlagwort der Zeit, hat auch sie ergriffen" So bezeichnete Alfred Stieler im November 1930 das Romanische Café nicht zu Unrecht als „Domizil des verbürgerlichten Bohèmetums".

Anders als im Café des Westens war im Romanischen Café auch eine stärkere Spezialisierung und Cliquenbildung zu beobachten. Es gab „Stammtische" von Malern, Schriftstellern, Journalisten, Verlegern, Schauspielern, Theaterdirektoren, Komponisten oder Kabarettisten. Man könnte dies als eine eine Art Netzwerk bezeichnen. An verschiedenen Künstlerstammtischen trafen sich Bert Brecht, Carl Zuckmayer, Erich Kästner und andere.

Erich Kästner

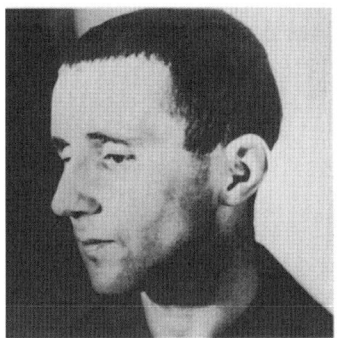

Bert Brecht

Max Reinhardt kam oft hierher, später auch Erwin Piscator- auch Boxer Max Schmeling fehlte nicht. Alfred Döblin und Gottfried Benn hielten den Doktorenstammtisch. 1925 konzipierte Ernst Rowohlt zusammen mit Willy Haas hier die „Literarische Welt", die wichtigste Literaturzeitschrift der zwanziger Jahre. Am „Revoluzzo-Tisch" saßen George Grosz, John Hartfield, Ernst Toller und andere Linksintellektuelle.

Auch zahlreiche Intellektuelle aus dem Ausland kamen gern ins „Romanische", der Russe Ilja Ehrenburg, der Engländer T.S.Eliot, die Amerikaner Sinclair Lewis und Thomas Wolfe, der Italiener Luigi Pirandello,, der Franzose André Gide, der Ungar Fritz Molnar, die Österreicher Franz Werfel und Robert Musil, der hier teils seinen „Mann ohne Eigenschaften"schrieb. [117]

117) Stürickow, a.a.O. S. 64 f.

Wegen dieser vielfältigen Interessen unter den Caféhausbesuchern entstand rund um die Gedächtniskirche am Kurfürstendamm eine Reihe von „Filialen", in denen sich die Prominenten in kleiner Runde und weniger auffällig trafen. In der „Taverne" ließen sich viele Maler regelmäßig sehen. Die „Lunte" galt als Lokal, in dem Journalisten und Zigarre rauchende Frauenrechtlerinnen ausdauernd miteinander stritten. „Schwannecke" war das Lokal der Theaterleute. In einem kleinen Lokal in der Passauer Straße traf sich Ernst Rowohlt mit seinen Autoren. [118]

Der Aufstieg des Kurfürstendamms in den zwanziger Jahren wurde sicher entscheidend geprägt von der Entwicklung der Filmindustrie. Am Kurfürstendamm lagen sechs von sieben Uraufführungskinos von Berlin. Aber auch viele kleine Kinos, die sogenannten „Flohkisten" boten besondere Programme für Filmliebhaber an. Insgesamt gab es bald 322 Kinos in Berlin, die größten und bedeutendsten lagen am Kurfürstendamm. [119]

Zunächst gab es nur Stummfilme, deren Aufführung durch Musikorchester und andere Zusatzaufführungen interessant gemacht wurden. Am 17.9.1922 wurde im Kino Alhambra am Kurfürstendamm 68 der erste Tonfilm aufgeführt. Auf der einen Seite gab es begeisterte Zustimmung für diese technische Sensation, und die Besucher der ersten Tonfilme fanden ebenfalls, dass hier eine völlig neue Dimension von Filmgenuss geschaffen worden war.

Kino Alhambra im Alhambra-Hotel

118) *Metzger/Dunker, a.a.O. S. 143*
119) *vgl. zum Folgenden: Metzger/Dunker, a.a.O. S. 127ff.; Stürickow, a.a.O.S. 87 ff.*

Erstaunlicherweise wurde aber diese Euphorie über das nunmehr vollständige Filmerlebnis von der überwiegenden Mehrheit der Filmkritiker und Filmschaffenden nicht geteilt. Auch die Schauspieler waren betroffen, denn sie hatten für den (Stumm)film oft gar keine Sprechausbildung mehr durchlaufen. Auch der Deutsche Musikerverband protestierte gegen die Einführung des Tonfilms mit der Begründung, er verderbe Gehör und Augen und wirke nervenzerrüttend. (!)

Tatsächlich ging die Umrüstung der Kinos in sehr schleppendem Tempo vor sich.

Die Filmpaläste der 1917 ins Leben gerufenen Ufa entstanden nach dem Ersten Weltkrieg rund um Gedächtniskirche und Kurfürstendamm, der deshalb auch als „Broadway von Berlin" bezeichnet wurde. Das „Marmorhaus" am Kurfürstendamm 236 und das „Union-Theater" in der Nummer 26 waren schon vor dem Ersten Weltkrieg entstanden. 1927 wurde das Marmorhaus im Stil der neuen Sachlichkeit umgebaut und modernisiert.

In den Ausstellungshallen am Zoo mit der romanischen Fassade entstand der Ufa-Palast mit 1740 Plätzen – für lange Zeit Deutschlands größtes Lichtspielhaus. 1925 wurde der Palast noch einmal umgebaut und auf 2165 Plätze erweitert. Nach der Umgestaltung lief hier auch der erste Ufa-Tonfilm „Ungarische Rhapsodie" mit Willy Fritsch.

Ufa-Palast

Als der alte 1913 eröffnete Union-Palast am Kurfürsten damm 26 von der Ufa übernommen wurde, nannte die Filmgesellschaft das geringfügig geänderte Kino „Ufa-Theater" oder einfach „UT". Mitte Dezember 1925 wurde direkt gegenüber der Gedächtniskirche am südlichen Rand des Zoologischen Gartens in einem Geschäftshaus-Neubau von Hans Poelzig das Capitol eröffnet mit 1284 Plätzen und modernster Technik.

Im romanischen Haus am Kurfürstendamm 10 eröffnete Anfang 1926 der Gloria-Palast als besonders exquisites Kino mit „Tartuffe" und den Schauspielern Emil Jannings, Werner Krauss und Lil Dagover. Für den Umbau dieses Wohnhauses waren so tiefgreifende Umbaumaßnahmen notwendig, dass faktisch nur die Außenhaut des Gebäudes stehen blieb.

Gloria-Palast (Eröffnung 1926)

Der Gloria-Palast war als ein „Bayreuth des deutschen Films" gedacht und im spätbarocken Stil eingerichtet. Mit seiner kostbaren Einrichtung erinnerte er an ein Schlosstheater im Barockstil.

Aber erst im Juni 1929 wurde hier eine Tonanlage für das Vorführen von Tonfilmen installiert, und damit lag der Gloria-Palast noch vor einigen Konkurrenten. Dass sich nach der ersten Tonfilmvorführung von 1922 noch jahrelang riesige Kinos für Stummfilme mit Musikbegleitung halten konnten, ist für heutige Verhältnisse einfach unvorstellbar. Die von der Stummfilmära profitierenden großen Interessengruppen konnten den Tonfilm damals noch jahrelang hinauszögern.

Das modernste Lichtspielhaus war das von Erich Mendelsohn erbaute „Universum" am Lehniner Platz, Kurfürstendamm 153, das mit allen technischen Raffinessen ausgestattet war und im Juli 1928 eröffnet wurde.

Universum-Filmtheater am Lehniner Platz

Filmpremieren waren in den zwanziger und dreißiger Jahren gesellschaftliche Ereignisse, die den modernen Starkult begründet haben. Der große Erfolg des Mediums Films konnte aber keine der anderen für den Kurfürstendamm typischen Aufführungen verdrängen. Am bekanntesten und berühmtesten waren die beiden Bühnen, die den Kurfürstendamm auch im Namen trugen: Das „Theater am Kurfürstendamm" und die „Komödie am Kurfürstendamm".

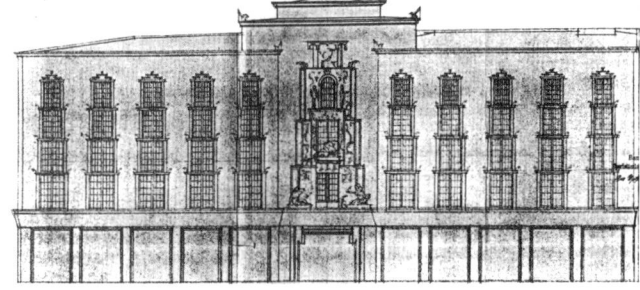

Komödie am Kurfürstendamm, Bauantrag 1923,
Architekt: Oskar Kaufmann

Das „Theater am Kurfürstendamm" wurde eröffnet am 8.10.1921 in dem von Oskar Kaufmann umgebauten früheren Ausstellungsgebäude der Secession mit dem Stück „Ingeborg" von Curt Götz.

Der Kritiker Herbert Ihering nannte das Theater „das Hoftheater der Revolutionsgewinnler". 1923 übernahm Max Reinhardt die „Komödie am Kurfürstendamm" und eröffnete sie am Neujahrstag 1924 mit Goldonis „Der Diener zweier Herren". 1928 übernahm Max Reinhardt auch das „Theater am Kurfürstendamm".

Neben dem klassischen Theater und dem großen Boulevardtheater gab es aber auch eine kaum noch übersehbare Zahl von Unterhaltungsangeboten: schnelllebige oder fest angesiedelte Kabaretts, Varietéaufführungen, Revuetheater, Chansonabende, Musik- und Tanzveranstaltungen. Der Kurfürstendamm war nicht nur „das größte Caféhaus Europas", sondern auch eine Art Weltbühne Europas. Am ehesten war er noch mit Paris oder New York zu vergleichen.

Schauspieler, Sänger und Kabarettisten von Weltruhm kamen ebenso an den Kurfürstendamm wie Künstler mit kurz aufflackerndem Ruhm, die wieder in der Versenkung verschwanden. Die großen Stars verdienten bei Aufführungen am Kurfürstendamm ebenso ihr Geld wie die kleinen Sternchen.

Josephine Baker

Im Januar 1926 gastierte im Nelson-Theater die „schwarze Venus" Josephine Baker. Die langbeinige schwarze Tänzerin „mit dem lackierten schwarzblau glänzenden Köpfchen eines exotischen Vogels" tanzte in einem Lendenschurz aus Bananenblättern und brachte amerikanische Erotik mit. Sämtliche Vorstellungen waren schon lange im voraus ausgebucht.

1927 musste Nelson dieses eigene Theater aufgeben, aber er konnte im „Palmengarten" am Kurfürstendamm 193/194 neue kabarettistische Revuen schreiben. Hier stiegen die Schauspielerinnen Grete Weiser und Marlene Dietrich erstmals zu öffentlicher Bekanntheit auf.

Auch das „Kabarett der Komiker" von Kurt Robitschek trat hier auf, bevor es im Mendelsohnbau am Lehniner Platz ein eigenes Haus bekam.

Charmante Unterhaltung gab es am Kurfürstendamm an jedem Abend. Zwischen Varieté, Revue, Kabarett, Tanzvorführungen und Show gab es alle Schattierungen unterhaltsamer Kleinkunst. [120] Insgesamt gab es eine ständig wechselnde und statistisch auch kaum greifbare Zahl von Aufführungen, die wohl zwischen 80 und 100 Veranstaltungen täglich gelegen haben müssen.

Am oberen Ende des Kurfürstendamms wurde der Lunapark nach dem Ersten Weltkrieg wieder zum Leben erweckt. Im Krieg waren hier eine Munitionsfabrik und eine Fleischkonservenfabrik für die Heeresversorgung untergebracht, Ställe für 150 Pferde und ein Lazarett. Am 23.5.1920 konnte der Lunapark wieder eröffnet werden.

Bekannte expressionistische Maler wie Max Pechstein, Rudolf Belling und Kuh hatten beeindruckende Kulissen gemalt. Zu den neuen Attraktionen gehörte der sogenannte Eiserne See, eine aus Eisenblechbahnen bestehende Fläche, die manchmal in Wellenbewegungen versetzt wurde. Ähnlich wie beim Autoscooter mussten kleine zweisitzige Boote über die Wellen laviert werden.

Der eiserne See im Lunapark
120) Metzger/Dunker, a.a.O. S. 136

Die alte Wasserrutschbahn an dieser Stelle war unmittelbar an den Halensee verlegt worden. Man konnte auch Ballonfahrten über das Gelände machen.

1923 zog Emil Remde mit seinem Hausboot als Vergnügungslokal vom Wannsee an den Halensee. Dieses Etablissement war für sein ausschweifendes, aufregendes Nachtleben berüchtigt. 1925 fanden hier die ersten Misswahlen zur „Sommerkönigin des Lunaparks" statt. Remdes Werbestrategie ging auf, er konnte 1931 sein Unternehmen durch ein „Piratenschiff" erweitern und das behagliche Hausboot zu einem Ozeanriesen umbauen. Die Sensation war ein Striptease auf dem höchsten Mast.

Der Lunapark machte auch mit spektakulären Sportveranstaltungen auf sich aufmerksam. Max Schmeling wurde hier am 28.8. 1925 zum erstenmal Deutscher Meister im Halbschwergewicht gegen Max Diekmann. Auch Buffalo Bill war in den zwanziger Jahren wieder mit seiner Wild-West-Show im Hippodrom des Lunaparks zu Gast.

Fast in jedem Jahr fanden im Lunapark auch Völkerschauen statt mit Somalis, Ägyptern, Kongulesen, Japanern, Abessiniern und Liliputanern.

Lilliputanergruppe im Lunapark

1921 veranstaltete Hagenbeck eine Sudanesen- und Raubtierschau. Bei der Gleichstellung exotischer Raubtiere mit exotischen Menschen durch ein Zoounternehmen zeigte sich der Kolonialismus noch einmal von seiner schlimmsten rassistischen Seite.

Am 16. Mai 1927 eröffnete im Lunapark die größte Schwimmhalle Europas, das legendäre Wellenbad. Mit rund 3000 Besuchern täglich wurde es schnell zur beliebtesten Badeanstalt Berlins. Die Seitenfenster und das verglaste Dach ließen sich maschinell öffnen, so dass die Besucher sich bei schönem Wetter in einem Freibad wiederfanden.

Das Wellenbad im Lunapark

Das Wellenbad hatte von früh um 8.00 Uhr bis in die Nacht geöffnet mit einem beliebtem Café, das bis zum Beckenrand reichte. Weil sich im Bad vor allem Frauen den Herren am Beckenrand präsentierten und die Berliner Halbwelt dabei reichlich vertreten war, bekam das Bad im Berliner Volksmund bald den Beinahmen „Nuttenaquarium".

Das ganze Konzept dieses gigantischen Vergnügungsparks schien nach Aussage eines Historikers „dem Gehirn eines Dadaisten entsprungen zu sein". Der Lunapark wurde gleichzeitig geliebt und verrissen, er faszinierte und rief Proteste hervor. Vor allem die Anwohner der Villenkolonie Grunewald und die Anwohner des oberen Kurfürstendamms beschwerten sich – teilweise auch vor Gericht – über den Lärm der Eisenblechbahnen, der Musik und des allabendlichen Feuerwerks. Man ärgerte sich auch über die Autofahrer, die nachts Türen knallend und mit aufheulenden Motoren an- und abfuhren.

Obwohl er nicht billig war, galt der Lunapark als „Paradies der kleinen Leute". Das Vergnügen war stark amerikanisiert, und es gab Sensationen, Sinnenreize und Unterhaltung um fast jeden Preis. Aber der Lunapark war allabendlich überfüllt, hier trafen sich Bankdirektoren und expressionistische Künstler, Soldaten und Dienstmädchen, hier waren scheinbar alle Standesunterschiede überwunden.

Für die Berliner Wirtschaft war der Vergnügungspark auch ein beachtlicher Umsatzfaktor. Im Jahre 1930 beschäftigte der Lunapark 1500 Angestellte, 400 davon allein in den Restaurantküchen. An einem einzigen Sonntag wurden hier 7000 Liter Bier und 1000 Flaschen Wein getrunken. Monatlich wurden 80.000 Tassen Kaffee ausgeschenkt, 35.000 Bockwürste verkauft und 300 Zentner Butter verbraucht. Im Halbjahr wurden eine halbe Million Brötchen verzehrt und 10.000 Dosen Obst- und Gemüsekonserven.

Der Lunapark existierte immerhin ein Vierteljahrhundert lang und war von der Gründung bis zur Pleite umstritten. Mit den Dekorationen der expressionistischen Maler war er zweifellos ein Ausgangspunkt der expressionistischen Architektur. Bruno Taut ließ sich in seinem Architekturbüro am Kurfürstendamm durch die neuen Ausdrucksformen der dortigen Kulissen und Aufbauten anregen. Vielen Intellektuellen aber war der Lunapark mit seiner Sensationsgier auch zutiefst zuwider. Maxim Gorki nannte ihn „einen Ort zweifelhafter Fröhlichkeit" und Franz Kafka stellte bei einem Besuch fest, hier würden „Orgien der Sinnlosigkeit" gefeiert.

Den konservativen Nationalisten war der Lunapark schon immer ein Dorn im Auge, und die Nationalsozialisten ruinierten ihn, als sie ihn nach der Machtergreifung von allem „Artfremden" säubern und in einen volksdeutschen Vergnügungspark umwandeln wollten. Im Oktober 1933 musste der Lunapark schließen und das Wellenbad fiel 1935 der Spitzhacke zum Opfer wegen einer Verbindungsstraße zum Messedamm für die Olympischen Spiele. [121]

In der Mischung von Kunst und Kommerz, Popularität und Massenhysterie, niveauvoller Unterhaltung und Geschmacklosigkeit war der Lunapark auf

121) *Stürickow, a.a.O. S. 43 ff.*

seine Weise sogar typisch für den Kurfürstendamm. Denn auch dort gab es nicht nur Glamour und Weltruhm in Bühnenaufführungen aller Art, Restaurants und Cafés und Geschäften. Auch hier mischten sich Weltniveau und Halbwelt, üppiger Reichtum und zur Schau gestellte Armut, glanzvolle kulturelle Darbietungen sowie Sumpfblüten und Randerscheinungen der Kultur.

Am Anfang der zwanziger Jahre spürte man unmittelbar die Auswirkungen des Krieges, denn am Kurfürstendamm fielen die vielen Bettler auf, vor allem Kriegsverletzte und Invaliden, die ihre Mützen mit schwarz-weiß-roten Kokarden jetzt als Sammelbüchsen benutzten. Am Bahnhof Zoo versuchten viele Mittellose den Reisenden die Schuhe zu putzen, um sich ein paar Mark zu verdienen.

Rauschgiftkonsum gab es in den Jahren nach dem Ersten Weltkrieg in der ganzen Stadt. „Das Kokainschnupfen war eine Modemarotte, eigentlich nur bekannt am Kurfürstendamm." In den Cafés am Boulevard fragte in neun von zehn Fällen der Kellner: "Koks, bitte, gefällig?"

122) Faksimile bei Lehmann, a.a.O. S. 58; Christian Bouchholtz „Kurfürstendamm" mit einer Zeichnung von Rudolf L. Leonhard, 1921

Die Zeitungen berichteten in diesen Jahren fast täglich von ausgehobenen Opiumhöhlen, geschlossenen Spielhöllen und Nackttanzlokalen, besonders häufig in den Seitenstraßen des Kurfürstendamms, wohin die Kunden von Schleppern aus den Lokalen herangebracht wurden. [123]

Auch die käufliche Sexualität war auf dem Kurfürstendamm reichlich vertreten. „Kurfürstendamm" - der Begriff stand für den Mann aus der Provinz für „Lasterhöhle", „Zügellosigkeit" und Dekadenz. Die Prostitution war am Kurfürstendamm vertreten wie in jedem anderen Vergnügungsviertel auch. Von den „Klassefrauen" in eleganten Lokalen und noblen Pensionen am Kurfürstendamm wurden alle Bedürfnisse befriedigt.

Weibliche Straßenprostitution war im vornehmen Westen kaum noch zu finden. Strichjungen dagegen boten sich gerade am Kurfürstendamm besonders zahlreich an. „Von der Gedächtniskirche bis zum Bahnhof Halensee Gaststätte neben Gaststätte. Sie alle dulden die Berufs- und Gelegenheitsprostitution und sind Nutznießer der käuflichen Liebe." Wo „Weiber" sind, kommen auch Männer, und die Männer bringen das Geld." [124]

Die extrem unterschiedliche Mischung am Kurfürstendamm hat Christian Bouchholtz in dem erwähnten Buch so beschrieben: "Käme der Satan auf den Kurfürstendamm, überall würde er hereinfallen, geneppt und geprellt, ein für solche Welt zu dummer Teufel, und er müsste mit eingezogenem Schwanz in die Hölle zurück. Links und rechts bekäme er von seiner Großmutter eine an die Löffel.

Der Kurfürstendamm hat seine Moral für sich. Sie steht sozusagen jenseits von Himmel und Hölle. Sie ist verzwickter, als das je ein Richter des jüngsten Gerichts wägen könnte. Deshalb denkt der liebe Gott auch nicht daran, einen Schwefelregen auf Sodom Kurfürstendamm regnen zu lassen. Hier wirken Moralgesetze, zusammengeschweißt aus Snobismen, Bluff, Paradoxie,

123) Metzger/Dunker, a.a.O. S. 104 f.
124) Weka (d.i. Willy Pröger), Stätten der Berliner Prostitution, Berlin 1930, S. 120 f.

Sensationslüsternheit, Abgebrühtheit…" [125] Verbindend war für den Kurfürstendamm nur der Anspruch, modern zu sein und keine Tabus zu kennen. [126]

Im Rückblick auf diese Zeit glanzvoller und verruchter Blüte in den Goldenen zwanziger Jahren scheint der Kurfürstendamm sozusagen außerhalb der Politik gelegen zu haben, eine Art gesellschaftlich-kulturelle Utopie. Tatsächlich aber kamen auch und gerade hier schon in der Mitte der zwanziger Jahre die politischen Gegensätze zum Ausdruck, die dann ab 1933 in die nationalsozialistische Unterdrückung einmündeten.

Die reaktionären Kräfte fürchteten nach dem verlorenen Krieg die Auflösung der gewohnten Ordnungen. In einigen rechtsgerichteten nationalistischen Zeitungen wurde eine regelrechte Hetze gegen den „undeutschen" Kurfürstendamm betrieben. Gegen den neuen Reichtum in all seinen Erscheinungsformen richtete sich nicht nur sozialer und von Neid erfüllter Hass, sondern zunehmend auch demagogisch erzeugter nationaler Hass.

Für die rechten Propagandisten Stein, Hussong und bald auch Goebbels war „Kurfürstendamm" ein Schimpfwort. Das neue wirtschaftlich erfolgreiche Großbürgertum gehörte für sie nicht zur „Volksgemeinschaft". Schon im November 1920 nach der Gründung der NSDAP 1919 wurde in der „Neuen Berliner Zeitung" über eine Prügelszene im Café des Westens berichtet, bei der sich antisemitische und antiintellektuelle Motive mischten.

Sie äußerte sich schließlich auch in politischer Gewalt. Der Kapp-Putsch von 1920 von rechtsgerichteten Militaristen konnte schnell niedergeschlagen werden. Aber die Ermordung des Außenministers Walther Rathenau in der Grunewalder Koenigsallee am 24.6.1922 versetzte der jungen deutschen Demokratie einen schweren Schlag. Sie war das Ergebnis einer Hetzkampagne gegen Rathenau als Juden und als Versöhnungspolitiker.

Walther Rathenau

125) *zitiert bei Lehmann, a.a.O. S. 58*
126) *Metzger/Dunker, a.a.O. S. 101*

Aber sie war auch ein Anschlag auf die Weimarer Republik überhaupt. Dieser Mord empörte fast alle Berliner. In den Tagen nach diesem Attentat zogen Hunderttausende über den Kurfürstendamm zum Tatort in die Koenigsallee. Es war die größte Demonstration, die der Kurfürstendamm bis dahin erlebt hatte. [127]

Antisemitische Pöbeleien, Übergriffe und Ausschreitungen gegen Juden gab es in den zwanziger Jahren immer wieder. Während der Inflationszeit von 1923 mit dem Vermögensverlust bürgerlicher Schichten und den Spekulationsgewinnen der „Neureichen" nahmen diese Aktivitäten der Reaktionäre zu, dann ebbten sie nach der Währungsreform von 1924 wieder ab.

Nach der Weltwirtschaftskrise von 1929 gewann die inzwischen von den Nationalsozialisten dominierte Rechte deutlich an Boden. In der alten City machte sich die Krise zwar deutlicher bemerkbar als am Kurfürstendamm, aber auch hier zeigten sich Anzeichen der Krise.

Der Kurfürstendamm war übersät mit Bettlern. Große Unterhaltungsbetriebe gingen in Konkurs, Selbstmorde nach Pleiten häuften sich. Viele große Wohnungen konnten nicht mehr vermietet werden, und minderjährige Gymnasiastinnen prostituierten sich in einigen Pensionen, um etwas Taschengeld zu verdienen. In dieser Situation bekamen die Nationalsozialisten neuen Zulauf. Ihre Krawalle wurden immer offensiver und immer rücksichtsloser.

1930 störten die Nazis massiv die Vorführung des Films „Im Westen nichts Neues" nach dem Roman von Erich Maria Remarque. Die Vorstellung wurde mit Stinkbomben verhindert, der Film wurde am 11.12.1930 verboten. Im Januar 1931 überfiel der berüchtigte Nazi-Sturm 33 eine Arbeiterversammlung im Tanzpalast Eden. Der brutalste Überfall fand unter Leitung des SA-Oberführers und späteren nationalsozialistischen Polizeipräsidenten Wolf Heinrich Graf von Helldorf am 12.9.1931 statt.

Wolf Heinrich Graf von Helldorf

127) Metzger/Dunker, a.a.O. S. 104 ff.

Nach der Feier des jüdischen Neujahrsfestes mischten sich über 1500 Nationalsozialisten unter die Synagogenbesucher, brüllten Sprechchöre „Jude verrecke, Deutschland erwache" und verprügelten die Anwesenden.

Die Täter drangen in „jüdische" Lokale ein, misshandelten Gäste, demolierten das Mobiliar und warfen im Café Reimann sämtliche Fensterscheiben ein. Die Polizei blieb – wie schon öfter vorher – weitgehend untätig. Es wurden zwar später 23 SA-Leute vor Gericht gestellt. Die Verurteilungen wurden aber im Januar 1932 in einer Berufungsverhandlung wieder aufgehoben. Nach einem der letzten großen SA-Aufmärsche vor Hitlers Machtübernahme schrieb Goebbels in sein Tagebuch: „Die SA marschiert durch Berlin. Zehntausend sind am Wittenbergplatz versammelt. Ein phantastischer Anblick." [128]

Die Besucher und Bewohner des Kurfürstendamms ließen sich von den Ausschreitungen nicht provozieren. Selbst die jüdischen Anwohner hatten keine Angst, weil sich alle mit der zivilisierten Welt einig waren, dass diese Unkultur keine Beachtung verdiente. Erst als die Überfälle Progromcharakter annahmen, wurden auch Gegendemonstrationen von jüdischen Organisationen veranstaltet, in denen mehr Sicherheit für den Kurfürstendamm gefordert wurde. Noch war 1932 eine solche öffentliche Forderung möglich, bis nach dem 30. Januar 1933 das Undenkbare Wirklichkeit wurde und die Vertreter der Unkultur an die Macht kamen. [129]

128) Metzger/Dunker, a. a.O. S. 155
129) Metzger/Dunker, a.a.0. S. 108

V. Der Kurfürstendamm im Nationalsozialismus zwischen Überleben und Untergang (1933 – 1945)

Die Machtergreifung der Nationalsozialisten durch die Ernennung Hitlers zum Reichskanzler am 30. Januar 1933 wurde einerseits von Millionen öffentlich bejubelt, im „roten", „linken" (und linksintellektuellen) und jüdischen Berlin löste sie einen Schock aus. Aber sie war kein plötzliches und unerwartetes Ereignis, sondern das Ergebnis eines schleichenden Prozesses. Die vielen kleineren und größeren Hetzkampagnen der reaktionären Presse und die gewalttätigen Übergriffe der nationalsozialistischen Schlägertrupps hatten schon vorher zu einer Verunsicherung der jüdischen Künstler, Intellektuellen und Geschäftsinhaber geführt.

Der Aufmarsch der SA und SS zu Hunderten und Tausenden in Nazi-Uniformen war seit 1929 ein gewohnter Anblick, die Truppen bildeten eine Art „Staat im Staate". Die Nationalsozialisten eroberten damit schon vor 1933 einen Teil der Macht, weil sie damit von Fall zu Fall das Straßenbild eroberten und ihre wachsende Präsenz demonstrierten.

SA-Aufmarsch am Kurfürstendamm

Gefährlich aber wurden diese nationalsozialistischen Exzesse in Wort und Tat durch verschiedene „Unterstützer-Gruppen", ohne die die NSDAP wohl nie an die Macht gekommen wäre.

Polizei und Militär waren zwar keineswegs überwiegend Sympathisanten der Nationalsozialisten. Aber auf jeden Fall waren sie meist stramm national oder sogar nationalistisch und militaristisch eingestellt. Der verlorene Krieg und damit die verlorene Monarchie mit ihren tief verwurzelten hierarchischen Strukturen und Rollenbildern führten bei vielen Rechten in der Weimarer Republik zu übersteigertem Revanchismus – „Revanche" für den Versailler Vertrag. Polizei und Militär waren auch teilweise reaktionär – als „Reaktion" auf die „Demütigung" Deutschlands durch die Gebietsverluste von 1919 und den Verlust von „Deutschlands Glanz und Gloria" im protzigen Kaisertum Wilhelms II.

Hitlers leidenschaftliche Reden von der Wiederherstellung der „Ehre" und „Größe" des „deutschen Vaterlandes" fielen hier durchaus auf fruchtbaren Boden. So erklärt es sich, dass bei den antisemitischen und rassistischen Ausfällen der extremen Rechten die Polizei häufig gar nicht oder nur zögerlich eingriff. Auch die Justiz war durchweg mit nationalkonservativen Entscheidungsträgern besetzt, sonst wären die Nazi-Schläger nicht fast immer in der ersten oder zweiten Instanz freigesprochen worden.

Eine klammheimliche Sympathie für die Braunhemden war jedenfalls bei Polizei und Justiz unverkennbar. Und genauso unverhohlen wurden die Nationalsozialisten unterstützt durch das Militär. Verbände wie die Reichswehr oder der „Stahlhelm" oder „Wehrwolf" standen der neuen Strömung nahe und liefen 1933 mit fliegenden Fahnen zu den Nazis über.

Aber auch die Weltwirtschaftskrise von 1929 brachte den Nationalsozialisten starken Zulauf. Der Zusammenbruch vieler Unternehmen und ganzer Wirtschaftszweige hatte zu einem bisher nie da gewesenen Gipfel der Arbeitslosigkeit geführt. Diese arbeitslosen Arbeiter und Angestellten folgten den politischen Rattenfängern Hitler und Goebbels. Hitler versprach den Menschen Arbeitseinkommen und die wärmende Zugehörigkeit zur „deutschen Volksgemeinschaft".

Nach dem Börsencrash von 1929 hatten auch viele Unternehmer, Geschäftsleute und „Rentiers" ihr Geld und damit ihren Einfluss verloren. Sie mussten zum Teil ihre Firmen aufgeben und ihre großen Wohnungen verlassen. Sie waren durchaus offen für die „Sündenbock"-These, dass ihre Verluste aus den eigenen riskanten Spekulationen und Geldanlagen dem „Weltjudentum" zuzuschreiben seien. Ein Teil dieser Verlierer lief deshalb zum „Führer"" über und fand dabei teilweise sogar den Weg zu neuem Erfolg in einer NS-Funktionärs-Karriere.

Dieses gesamte Unterstützer-Milieu der Nationalsozialisten war fast gar nicht am Kurfürstendamm vertreten. Die Journalisten, Autoren und Künstler mit nationalsozialistischer Karriere und finanziellem Erfolg zogen nicht an den Kurfürstendamm, weil sie einen Wohnsitz dort als rufschädigend ansahen.

Allerdings waren die Grenzen hier fließend. Künstler nichtjüdischer Herkunft brauchten nicht Mitglieder der Partei zu sein und nicht einmal Sympathisanen. Sie hatten Erfolg als Schauspieler oder Filmschauspieler, als Musiker oder Dirigenten und dienten trotz ihrer teilweise regimekritischen Einstellung dem Regime als Aushängeschild und profitierten vom Wegzug der jüdischen Künstler. Indirekt spielten auch die gut situierten und gebildeten Bürger der westlichen City den Nationalsozialisten in die Hände, weil sie meinten, der „braune Spuk" würde bald vorüber sein.

Mit dem naiven Überlegenheitsgefühl der Gebildeten gegenüber der „Herrschaft des Pöbels" und der Blauäugigkeit der Individualisten gegenüber einem Massenphänomen konnte man der beginnenden Diktatur nichts entgegensetzen. Es gab eben keine Erfahrungen mit der Ausschaltung demokratischer Institutionen und der Gleichschaltung der Medien.

Bei denen, die sich nicht persönlich bedroht fühlen mussten, herrschte Passivität vor. Ein rechtzeitiger und entschiedener Widerstand blieb aus. Man rechnete damit, dass sich die Regierungsunfähigkeit der Nationalsozialisten schon von selbst herausstellen würde.

Dieselbe verächtliche Einstellung gegenüber dem NS-Regime führte aber auch bei den persönlich Bedrohten zur Gleichgültigkeit oder sogar zur Unvorsichtigkeit. Während einige Juden sofort begriffen, dass die Machtergreifung Hitlers für sie die absolute Katastrophe bedeutete, ignorierten andere die Bedrohung völlig.

Die Nationalsozialisten waren klug genug, nach der Machtergreifung teilweise ihre Methoden zu wechseln. Ausgerechnet Goebbels versuchte, die Krawalle und Schlägereien auf dem Kurfürstendamm einzuschränken und zu beenden. Er wusste, dass die Augen der Weltöffentlichkeit besonders auf diese Straße gerichtet waren und äußerte sich besorgt über den Ruf der neuen Regierung. Als Aushängeschild für die internationale Bedeutung der Reichshauptstadt war der Boulevard für die Nationalsozialisten unverzichtbar, obwohl sie ihn weiterhin als Feindbild ansahen. [130]

Die Nationalsozialisten traten nach 1933 auf dem Kurfürstendamm eher „friedlicher" auf als vorher. Sie mochten ihn zwar nicht und wussten auch, dass die Zahl ihrer Anhänger dort prozentual am niedrigsten von ganz Berlin war. Bei den Wahlen von 1933 hat die NSDAP in der Villenkolonie Grunewald und am Kurfürstendamm mit einem hohen jüdischen Bevölkerungsanteil nur 12- 15 % der Stimmen bekommen!

Der Propagandaminister Dr. Goebbels – studierter Germanist und Verfasser von Gedichten und Tagebüchern – zeigte sich nach 1933 als „Wolf im Schafspelz". Er hatte eine Vorliebe für Film, Theater und luxuriöse Lokale. Eine gewisse Liberalität am Kurfürstendamm blieb in den nächsten Jahren erhalten.

Es wurde weiterhin Jazz in den Tanzlokalen gespielt, englische und amerikanische Filme liefen sogar in den Uraufführungskinos noch bis 1942, die Qualität des Unterhaltungsangebots blieb weitgehend erhalten. „Die braunen Jahre hinterließen auch auf dem Kurfürstendamm ihre Spuren. Seine Atmosphäre aber blieb irgendwie erhalten", schrieb ein Chronist. [131] Und ein Zeitzeuge schrieb später: „Es lag so etwas wie ein passiver Widerstand in der Luft." [132]

130) Metzger/Dunker, a.a.O. S. 158
131) Hans Grotehenn, Vom Churfürstendamm zum Kudamm, Die Geschichte einer Berliner Straße, in: Gast in Berlin, 20. Mai 1933, S. 33
132) Lehmann, a.a.O. S. 60

Die kritischen, kreativen und manchmal auch nur vergnügungssüchtigen Berliner blieben dem Kurfürstendamm treu und belebten ihn wie eh und je.

Café Kranzler, Kurfürstendamm 18

Die Anwohner des Kurfürstendamms schirmten sich in ihren Wohnungen und in ihrer Privatatmosphäre ab. Viele haben aber auch den Juden und anderen Regimegegnern über den Hintereingang geholfen mit Geld, Lebensmitteln und guten Ratschlägen für eine mögliche Flucht. [133]

Für den Kurfürstendamm und seine Bewohner ging also das Leben weitgehend unverändert weiter. Aber für die Künstlerlokale um die Kaiser-Wilhelm-Gedächtniskirche und vor allem das Romanische Cafe war der Beginn der faschistischen Ära verheerend. Nach dem Reichstagsbrand vom 27.2.1933, den die Nazis den Kommunisten in die Schuhe schoben, begann eine systematische Verfolgung aller politischen und intellektuellen NS-Gegner.

Kommunisten, Sozialisten, Gewerkschafter und Linksintellektuelle wurden verhaftet und in „wilde" Konzentrationslager der SA und SS eingeliefert, viele wurden gefoltert und ermordet, z.B. Erich Mühsam, Carl von Ossietzky, Egon Erwin Kisch und viele andere. Viele Künstler flohen in dieser Zeit vor den Verfolgungen ins Ausland, z.B. Bert Brecht, Heinrich Mann, Alfred Döblin, Rudolf Nelson, Kurt Robitschek.

133) Stürickow, a.a.O. S. 130

Schon im August 1933 wurden jüdische Bürger in Führungspositionen ausgeschaltet: Lehrer, Juristen, Ärzte und Künstler wurden aus dem Beruf gedrängt, erhielten Auftrittsverbote. Am 4.10.1933 bestimmte das Schriftleitergesetz, dass Journalisten „arischer Herkunft" sein mussten und nur im Sinne der neuen Staatsleitung schreiben müssten. Damit war die freie Presse faktisch beseitigt.

Auch die Theater erlebten diesen Niveauverlust. Die Regisseure Max Reinhardt und Erwin Piscator verließen das Land ebenso wie die Theaterkritiker. Das „Theater am Kurfürstendamm" wurde der Schauspielerin Agnes Straub übertragen, es wurde heitere, harmlose Theaterkost geboten. Auch in der benachbarten „Komödie am Kurfürstendamm" wich man in Belanglosigkeiten aus. [134]

Im Bereich von Chanson und Kabarett wurde die Kunst der Nadelstiche und Anspielungen im Hinblick auf das NS-Regime perfektioniert. Claire Waldorf konnte noch eine Zeitlang im Kabarett der Komiker auftreten, aber die Arbeit war für sie ein ständiger Drahtseilakt. Goebbels´ Staatssekretär Hinkel ließ die Bühne streng überwachen. Werner Finck konnte im selben „Kabarett der Komiker"

Komödie am Kurfürstendamm

noch den „Hitlergruß" als „aufgehobene Rechte" verspotten und fragte den ständig anwesenden Spitzel im Parkett: "Kommen Sie mit? - Oder - muß ich mitkommen?" Finck erhielt Auftrittsverbot und wurde dann bald zum Militär eingezogen. [135]

Claire Waldorf und Werner Finck

134) *Metzger/Dunker, a.a.O. S. 163 f.*
135) *Metzger/Dunker, a.a.O. S. 164; Stürickow, a.a.O. S. 132*

Im geschäftlichen und kulturellen Leben am Kurfürstendamm entwickelte sich überall diese Art vorsichtiger Doppeldeutigkeit. Nur wenige Schritte vom Kurfürstendamm entfernt lag eines der exklusivsten Restaurants der Stadt, die „Galerie Peltzer", bevorzugter Treffpunkt der Berliner High Society und der Diplomaten. Wenn Parteigenossen das Restaurant betraten, verließ der Eigentümer und Nazigegner Peltzer sein Lokal mit den Worten: „Die Goldfasane sind schon wieder da."[136]

Auch der Druck auf die Juden nahm immer mehr zu. Es wurde zum Judenboykott gegenüber Juden aller Berufe aufgerufen.

136) Stürickow, a.a.O. S. 131

Die Juristen waren nach den Künstlern und Intellektuellen die ersten, die die Situation realistisch einschätzten und die Stadt verließen. Die meisten Juden vom Kurfürstendamm und aus der angrenzenden Villenkolonie Grunewald waren so begütert, das sie sich rechtzeitig in Sicherheit bringen konnten.

Während der Olympischen Sommerspiele von 1936 lockerte sich für einige Wochen die Zensur, die Natioalsozialisten boten der Welt perfekt organisierte Spiele und ein ebenso glänzend inszeniertes Schauspiel vom liberalen und internationalen Kurfürstendamm. Das Unterhaltungsangebot und die vielen Filmaufführungen beeindruckten die Besucher. Es fiel auf, dass am Kurfürstendamm kaum Hakenkreuzfahnen geflaggt waren, man sah überwiegend die weißen Olympiafahnen mit den fünf Ringen.

Olympiafahnen am Kurfürstendamm

Kaum war das Spektakel vorbei, war die Rücksicht aufs internationale Publikum nicht mehr nötig, wieder nahm der Druck auf die jüdischen Restaurantbesitzer und Ladeninhaber zu. Am 1.11.1938 gab es den „Erlass zur Ausschaltung des jüdischen Einzelhandels". Vor dem Erlass hatte der Kurfürstendamm 118 Ladengeschäfte, von denen noch 25 im Besitz von jüdischen Inhabern waren. Am Ende des Jahres war die „Arisierung" aller Geschäfte auf dem Boulevard so gut wie abgeschlossen. [137]

Ein solcher Erlass zur Vertreibung der jüdischen Ladeninhaber oder Geschäftsführer war allerdings kaum noch nötig. Nach der Reichsprogromnacht vom 9./10. November 1938 bot der Kurfürstendamm ein Bild der Verwüstung. SA-Trupps waren mit Lastwagen zum Kurfürstendamm gekarrt worden und in Gruppen zur Zerstörung von Läden und Wohnungen in bestimmten Häusergruppen und Straßenabschnitten eingeteilt worden.

Systematisch wurden alle Schaufensterscheiben jüdischer Geschäfte eingeschlagen. Die Bürgersteige waren übersät mit Glasscherben und Kleidungsstücken aus den Modegeschäften. Da lagen zerrrissene Hemden und Strümpfe zwischen den Scheiben, zerschnittene und in den Schmutz getretene Kleider und Roben aus den kostbarsten Stoffen. Die Einrichtung war meist zertrümmert und zerhackt worden.

Auch die Synagoge in der Fasanenstraße war zerstört und angezündet worden und brannte völlig aus. [138] Einige jüdische Geschäftsleute hatten sich von der relativ liberalen Stimmung am Kurfürstendamm nach 1933 nicht täuschen lassen und hatten ihre Firmen rechtzeitig verkauft. Am Kurfürstendamm gab es 1937/38 noch einige „Renommier-Juden", die sich jetzt allerdings auch schleunigst abzusetzen versuchten. [139]

In den Jahren 1937 und in der ersten Hälfte von 1938 konnten sie für ihre Firmen noch halbwegs „normale" Preise erzielen, wenn auch längst nicht mehr den Preis für den tatsächlichen Wert. Nach dem 9. November 1938 gab es faktisch nur noch „Notverkäufe" in einer Art Torschlusspanik.

Konnte man bis dahin noch denken, die 30er Jahre seien die Fortsetzung der „goldenen zwanziger Jahre", so war diese Illusion mit der Zertrümmerung

137) *Metzger/Dunker, a.a.O. S. 175*
138) *Stürickow, a.a.O. S. 134*
139) *Metzger/Dunker, a.a.O. S. 173*

der Schaufensterscheiben am Kurürstendamm endgültig zerstört. Hielten sich bisher die Berichte über die Vitalität und den Niedergang des Kurfürstendamms noch in etwa die Waage, so senkte sich diese Waage jetzt doch entschieden in die Richtung des Niedergangs.

Der tödliche Hass gegen alles Jüdische war in Gewalt umgesetzt worden, das konnte nun niemand mehr übersehen. [140] Und dennoch lebte der Boulevard weiter, als sei nichts geschehen. Der Körper dieser Straße bewegte sich noch, auch wenn man ihm das Blut abgesaugt hatte und die geistigen Lebensadern auszutrocknen begannen.

Das letzte „Friedensjahr" am Kurfüstendamm verlief gespenstisch „normal". „Der oberflächliche Besucher hatte nicht den Eindruck, dass auf Berlin eine Diktatur lastete. Die Straßen waren belebt und fröhlich", schrieb Simone de Beauvoir nach einem Berlinbesuch mit Sartre über ihren Aufenthalt am Kurfürstendamm.

Die gesamte Gastronomie am Kurfürstendamm bot bis in die Kriegsjahre hinein alle Genüsse, die auch vorher schon Standard gewesen waren für die Gourmets. Auch die Luxusgeschäfte am Kurfürstendamm hatten noch in den Kriegsjahren Lebensmittel und Kleidung, die anderswo nicht mehr zu finden oder schon rationiert waren. Für Geld bekam man am Boulevard alles.

Am Kurfürstendamm lebte eine ganz eigene Welt weiter wie eine Insel in der völkisch-nationalistischen Ideologie vom „sauberen Deutschen". Alles vom NS-Regime Verbotene war am Kurfürstendamm erlaubt, d.h. es existierte einfach weiter, ohne verfolgt zu werden.

Jazz war verpönt und seit 1936 im Rundfunk verboten, aber in den Tanzlokalen des Kurfürstendamms hielt man sich nicht daran. Nach wie vor spielten die großen Orchester und die kleinen Combos in den Tanzpalästen, Bars und Cafés. Wie früher gab es Transvestitenlokale, Nacktänze in Bars, die gehobene Prostitution am Kurfürstendamm.

---

140) Metzger/Dunker, a.a.O. S. 162 ff.

In der Roscherstraße hatte sogar die Gestapo ein Bordell eingerichtet zur Bespitzelung ausländischer Diplomaten. Die Uraufführungskinos waren immer ausverkauft, die Restaurants und Cafes gut besucht. Dass viele „linke" oder jüdische Regisseure und Schauspieler geflohen waren, fiel nur einer Minderheit auf. Neue Stars traten an ihre Stelle wie zum Beispiel Gustav Gründgens, Lil Dagover, Heli Finkenzeller, Marikka Rökk, Hans Albers, Heinz Rühmann, Leni Riefenstahl, Willy Fritsch, Willy Birgel und viele andere.

Inzwischen begann teilweise die Schallplatte die großen Orchester zu verdrängen, die ersten Diskotheken kamen auf. Bei der Restaurant-Kaffee-Bar „Swing" in der Augsburger Straße 28 war der Name Programm. Noch bis in die Kriesgjahre hinein zogen die sogenannten „Swing-Boys" über den Kurfürstendamm. Sie trugen einen möglichst langen Fasson-Haarschnitt und fielen auf durch dunkle Mäntel mit weißen Seidenschals, englisch-lässige Kleidung und eine Vorliebe für Jazz- und Swingtanz. Sie nannten sich „CDU" = „Club der Unheimlichen" und wurden vom Reichssicherheitdienst zwar misstrauisch unter die Lupe genommen aber weitgehend unbehelligt gelassen. [141]

Der Kurfürstendamm im Zweiten Weltkrieg

Als die Berliner am 1.September 1939 vom Einfall der Deutschen Wehrmacht in Polen und vom Beginn des Zweiten Weltkriegs erfuhren, war die Stimmung im allgemeinen bedrückt. Sie ließ sich nicht mit dem Hurra-Patriotismus beim Ausbruch des Ersten Weltkriegs vergleichen. Auch die Folgen des Krieges waren sofort einschneidend:

Vom ersten Kriegstag an wurde Verdunkelung angeordnet, private Kraftfahrzeuge wurden eingezogen, Benzin gab es nur noch für dienstliche genutzte Fahrzeuge, und auch der öffentliche Verkehr wurde stark eingeschränkt. Lebensmittelkarten regelten den Einkauf von Lebensmitteln, bald musste man auch im Restaurant Fleischmarken abgeben. Es wurde ein allgemeines Tanzverbot erlassen, das allerdings nach dem Sieg im Polenfeldzug wieder aufgehoben wurde.

141) Metzger/Dunker, a.a.O. S.168 f.

Der erste Schock war allerdings bald überwunden. In Zeiten der existentiellen Bedrohung breitete sich eine beinahe ekstatische Lebenslust aus. Den Nationalsozialisten kam dieser Rückzug ins Privatleben sehr gelegen. Das System schien damit einverstanden, dass die kriegsbedingten Einschränkungen durch größere Freiräume auf sexuellem Gebiet und im Vergnügungsbetrieb kompensiert wurden. Die Bars im Berliner Westen blieben geöffnet, Nacktänze weiterhin geduldet. [142]

Der Beginn des Frankreichfeldzugs am 10.5.1940 brachte zunächst einen Stimmungsabfall. Aber die deutschen „Blitzsiege" und die französische Kapitulation am 15.6.1940 sorgten wieder für Entspannung. Die Theater und Varietes blieben geöffnet, die Kinos waren ständig ausverkauft, seichte Unterhaltungskost war besonders gefragt.

Je weiter der Krieg fortschritt, desto gefährlicher wurde die Situation für die Juden. Die Polizeiverordnung über das „Auftreten der Juden in der Öffentlichkeit" vom 28.11.1938 und die „Judenbannbezirke" des Berliner Polizeipräsidenten vom 6.12.1938 hatten die Teilnahme von Juden an öffentlichen Veranstaltungen schon vollständig verboten.

Diese allgemeine Ächtung und Missachtung ging nun in eine lebensbedrohliche Ausgrenzung und Verfolgung der Juden über. Am 19.9.1941 trat die „Polizeiverordnung über die Kennzeichnung der Juden mit dem gelben Stern" in Kraft, die Emigration wurde verboten. Die Juden saßen in der Falle. Am 18.10.1941 begannen die Deportationen in die Vernichtungslager.

Es gab zwar keinen offenen Aufstand der Berliner gegen diese Maßnahmen - wie in der Literatur mit Recht betont wird. Aber am Kurfürstendamm und in Grunewald hatte der Widerstand ein ganz anderes Gesicht, das mir durch viele Zeitzeugen bekannt geworden ist. Hunderte und schließlich Tausende von nichtjüdischen Berlinern in dieser Gegend hefteten sich aus Protest freiwillig den Judenstern an, so dass Goebbels ein Gesetz erlassen musste, das „das unberechtigte Tragen des Judensterns" unter Strafe stellte.

---

142) Metzger/Dunker, a.a.O. S.180

Einige Juden, die sich nicht mehr frei in den Geschäften bewegen konnten, wurden von ihren Freunden und Bekannten mit allem Lebensnotwendigen versorgt, viele wurden in Gefahrensituationen später auch versteckt. Es sind kaum jüdische Bewohner vom Kurfürstendamm und aus Grunewald in die Vernichtungslager abtransportiert worden. Diese unglaubliche Solidarität mit den Juden in den noblem Wohngegenden Grunewald und Kurfürstendamm ist bisher viel zu wenig bekannt geworden und gewürdigt worden.

Der Krieg erreichte noch einmal eine neue Dimension mit dem Beginn des Russlandfeldzugs im Juni 1941. Dadurch gab es nun auch ernsthafte Versorgungslücken in der Heimat. Viele kleine Lokale wurden dicht gemacht oder waren nur an wenigen Tagen der Woche geöffnet. Theater und Show-Bühnen am Kurfürstendamm waren trotzdem ständig überfüllt, denn wofür hätte man sonst Geld ausgeben sollen? [143]

Vom 22. - 26.11.1943 gab es ein Flächenbombardement auf den Westen Berlins. Der zentrale Teil des Kurfürstendamms wurde in Schutt und Asche gelegt mit der Kaiser-Wilhelm-Gedächtniskirche und dem Gloria-Palast.

Die zerstörte Kaiser-Wilhelm-Gedächtniskirche mit Gloria-Palast
143) Metzger/Dunker, a.a.O. S.182

Im Zoo wurden die meisten wilden Tiere getötet, entlaufene Krokodile und Riesenschlangen sollen an den Böschungen des Landwehrkanals gesichtet worden sein.

In der Nacht vom 30. zum 31.1. 1944 führte ein neuer schwerer Bombenangriff zu weiteren Verwüstungen am Kurfürstendamm.

Die zunehmenden Versorgungsschwierigkeiten bei Lebensmitteln und Kleidung ließen Schwarzmärkte entstehen. Das Café Kranzler galt 1944 als „Treffpunkt der Gangster." Der Krieg beherrschte jetzt den Boulevard. Die Tennisplätze hinter dem Universum-Kino wurden zuerst in Kartoffeläcker verwandelt, später im Luftkrieg verarbeitete man sie zu Splittergräben.

Auch nach den verheerenden Zerstörungen durch die Bombenangriffe wurde der Vergnügungsbetrieb am Kurfürstendamm noch aufrechterhalten. Die wenig zerstörten Kinos Marmorhaus und Tauentzienpalast spielten noch, teilweise wurden "Notkinos" eingerichtet. Nachdem das „Kabarett der Komiker" am Lehniner Platz ausgebrannt war, spielte man im ersten Stock des benachbarten Café Léon. Am 31.8.1944 spielten alle Theater zum letztenmal, denn Goebbels hatte im Sportpalast den „Totalen Krieg" ausgerufen und bald darauf die Schließung aller Theater angeordnet. Seit dem 1.9.1944 blieben nur noch die Kinos übrig.

Bis zuletzt wurde Berlin sinnlos verteidigt ohne Rücksicht auf Verluste. Am 23.3.1943 wurde in einem Befehl der Luftwaffe sogar der Kurfürstendamm als Startbahn für Kampfflugzeuge vorgesehen und sein Ausbau geplant, weil Tempelhof gefährdet war. Die Mindestbreite der Rollbahn sollte 50 - 60 m sein, dazu sollten in einer Breite von 20 m alle Häuser und Haustrümmer beseitegeräumt werden. Das wäre das völlige Ende des Kurfürstendamms als Straße gewesen. Aber der Einmarsch der Roten Armee kam schneller als die Umsetzung dieser irrsinnigen Pläne. [144]

An verkehrswichtigen Kreuzungen des Kurfürstendamms wurden alters-schwache Panzersperren aus ausrangierten Lieferwagen und ausgeschlachte-ten Autos angehäuft und mit Alteisen und verbeultem Blech aufgefüllt. Es war eine aus Dummheit und Verzweiflung geborene Idee, mit diesem Schrott russische Panzer aufhalten zu wollen.

Panzersperren am Kurfürstendamm
144) Metzger/Dunker, a.a.O. S.188

Am 21.4.1945 flogen amerikanische Bomber den letzten Großangriff auf Berlin. Die Rote Armee begann noch am gleichen Tag mit dem Einmarsch in die deutsche Hauptstadt. Aber immer noch wurde Berlin sinnlos verteidigt. Die bei den Luftangriffen verschonten Häuser und Einrichtungen am Kurfürstendamm wurden jetzt von den Panzern und Handgranaten der russischen Angreifer und der deutschen Verteidigung restlos zerstört. [145]

Auch die Halenseebrücke sollte eigentlich der wahnwitzigen Verteidigungsstrategie der deutschen Wehrmacht zum Opfer fallen. Als ein Oberfeldwebel Ende April 1945 mit seinen Leuten erschien, um die Brücke zu sprengen, kam gerade ein Major mit seinen Leuten vorbei und mischte sich ein: „Du willst doch nicht ernsthaft diese Brücke sprengen, mein Junge? Wenn du das tust, muss ich später eine Stunde Umweg machen zum Kurfüstendamm." Der Oberfeldwebel antwortete: "Dann eben nicht. Mit ist es auch lieber so, ich wohne nämlich ebenfalls hier in der Gegend." [146] Als endlich die Waffen schwiegen, war fast der gesamte Kurfürstendamm ein Trümmerfeld.

145) Metzger/Dunker, a.a.O. S.188 und S.192
146) Curt Riess, Berlin, Berlin 1945-1953, zitiert bei Lehmann, a.a.O. S. 93 f.

VI. Der Kurfürstendamm vom Wiederaufbau bis zum Mauerbau (1945 - 1961)

Nach dem Krieg war ganz Berlin von der russischen Roten Armee besetzt. In Häuserkämpfen war der ohnehin vom Bombenkrieg schwer getroffene Kurfürstendamm völlig in Schutt und Asche gelegt worden. Von den 235 Häusern waren 190 ganz zerstört, und die verbliebenen 45 Häuser hatten leichte oder schwerere Schäden. [147]

Aber der Krieg war aus, und die Berliner krochen aus den Trümmern und strömten an den Boulevard. Man hatte den Weltuntergang überlebt.
Der Kurfürstendamm führte durch Schuttberge, er war eine einzige Trümmer- und Ruinenlandschaft. Trecks von Flüchtlingen bahnten sich dort ihren Weg, Krüppel und Kriegsopfer bettelten in schwarzen Hausruinen.

147) Der Zeichner Oswin Meichsner hat 1949 beide Seiten des Kurfürstendamms von der Brandenburgischen Straße bis zur Gedächtniskirche gezeichnet und das damalige Erscheinungsbild des Kurfürstendamms genau festgehalten.

Man wohnte noch in Kellerlöchern, hinter Bretterverschlägen und provisorisch eingesetzten Pappfenstern. [148]

Es war für alle völlig selbstverständlich, dass der Kurfürstendamm erst aufgeräumt und freigeschaufelt und dann wieder aufgebaut werden musste. Die Männer, die den Krieg überlebt hatten, waren zum großen Teil verwundet oder in Gefangenschaft geraten. So machten sich die berühmten "Trümmerfrauen" an die Arbeit und räumten den Schutt beiseite, so dass die Straße wieder benutzbar wurde. Die Frauen hatten auch einen Vorteil dadurch, denn sie erhielten bessere Lebensmittelkarten.

Alfred Döblin hat den Kurfürstendamm nach dem Krieg beschrieben: „In den Wracks der Häuser und Läden...sitzen schon Leute an Tischen und spielen friedliches Leben. Und warum nicht? Es ist schönes Wetter, und das konnten die Bombardements nicht beseitigen ... Das Trottoire ist immer wieder aufgerissen, der Luftdruck der Bomben hat die Platten verschoben.

Man sieht hinten einen runden Turm mit einer rundlichen schwarzen Spitze. Diese Ruine ist die Kaiser-Wilhelm-Gedächtniskirche, stark verkohlt ... Das Romanische Cafe ist offen ... es steht enorm weit offen. Man kann von der Straße in die Hinterräume blicken, in den ersten Stock." [149]

148) Vgl. Lehmann, a.a.O. S. 94; Stürickow, a.a.O. S. 143 ff.; Metzger/Dunker a.a.O. S. 193 ff.
149) Alfred Döblin, Schicksalsreise. Bericht und Bekenntnis, Frankfurt 1949, S. 441 f.

Es regte sich sehr schnell neues Leben am Kurfürstendamm. „Die Diagnose der Pessimisten mochte auf „tot" lauten; die Optimisten glaubten an „scheintot", räumten Steinbrocken zur Seite und stellten Tische und Stühle vor die Ruinenfassaden. Und die Berliner saßen bereits im Sommer

1945 wieder am Kurfürstendamm, schluckten Staub, tranken Undefinierbares aus angeschlagenen Kaffeetassen und aßen das, was man ihnen auf ihre spärlichen Lebensmittelkarten servierte. [150]

Auch das „Kranzler" am Kurfürstendamm war nicht kleinzukriegen. Man saß wieder auf der Terrrasse, „man nippte an unbeschreiblichen Getränken herum, die sich Kaffee oder Limonade nannten, aber eher nach Zimt schmeckten." „Erstaunlich schnell fand die Straße ihre neue Rolle, alles wurde improvisiert. Im heißen Sommer 1945 gab es außer Hunger und Durst auch Hoffnung." [151]

Baumstämme dienten als Litfaßsäulen. Ein ehemaliges Schaufenster war in eine Anschlagtafel verwandelt worden an der Ecke des Kurfürstendamms zur Joachimstaler Straße. Solche Anschläge waren sehr wichtig für den alles dominierenden Tauschhandel.

Anschlagtafel mit Tauschangeboten

150) Lehmann, a.a.O. S. 94
151) Krüger, a.a.O. S. 91

Der Kurfürstendamm war die größte öffentliche Tauschzentrale der Stadt. Auch der Schwarzmarkt blühte an allen Ecken, am stärksten rund um die Gedächtniskirche.

Schwarzmarkt am Kurfürstendamm

An der Ecke zur Augsburger Straße siedelten sich die Damen des ältesten Gewerbes der Welt an. „Große und kleine Ganoven setzen sich in den Kurfürstendamm-Resten fest, und manchmal wurden sie auch festgesetzt - von der Polizei in der Meinekestraße. Die Hüter der ...Ordnung starteten wenige Schritte vom Kurfürstendamm entfernt ihre Razzien und luden vorsichtshalber alles auf, was sie greifen konnten: leichte Mädchen, schwere Jungs und harmlose Kurfürstendamm-Bummler." [152]

Als die Sowjets nach Kriegsende die Stadt übernommen hatten, strebten sie eine baldige Normalisierung der Lebensverhältnisse an. Der russische Generaloberst Bersarin war am 28.4.1945 zum Stadtkommandanten ernannt

152) Lehmann, a.a.O. S. 94 f.

worden und verfügte, dass der Betrieb von Kinos, Theatern, Zirkus oder Sportstätten trotz nächtlicher Ausgangssperre bis 21 Uhr ausdrücklich erlaubt wurde. [153]

Die Berliner hatten zwar nichts zu essen, aber sie waren ausgehungert nach Kultur, nach Musik, nach freiem Gedankenaustausch. Sie stürzten sich auf die ersten Zeitungen, und sie standen Schlange nach Kinokarten. Schon im Sommer 1945 liefen wieder Filme in den Kinos, das „Marmorhaus" und die „Filmbühne Wien" und das „Astor" waren nicht zerstört worden. In der Filmbühne Wien lief der Film „Große Freiheit Nr. 7" mit Hans Albers, den Goebbels verboten hatte und der deshalb unverdächtig war. [154]
Auch erste Musikgruppen traten wieder auf, am 13. Mai gab das Berliner Kammerorchester ein Konzert, am 26.Mai folgten die Berliner Philharmoniker im Titania-Palast in Steglitz. [155]

In den nicht zerstörten Theatern wurde bald wieder gespielt. Am 27. Mai 1945 eröffnete das Renaissance-Theater in der Hardenbergstraße mit dem „Raub der Sabinerinnen", das Deutsche Theater folgte. Auf kurzen Strecken fuhren die ersten U-Bahnen und einige Straßenbahnen. Um Theater zu spielen oder Theater zu besuchen, liefen die Menschen auch weite Wege über die beschädigten Straßen oder kletterten über Trümmer.

Es wurde aber nicht nur in den wenigen erhaltenen Theatern gespielt, sondern wo gerade einige Künstler wohnten, taten sie sich zusammen, und wo ein Saal frei war, spielten oder rezitierten sie. Vor allem in Wilmersdorf und Zehlendorf gab es viele freie Theatergruppen als „Bezirksgruppen" von Theaterleuten, weil hier die meisten Künstler wohnten. [156]

Theateraufführungen gab es auch in den Aulen der Schulen, in Kirchen, in Lokalen mit Bühne und - je nach Wetterlage - auch im Freien. „Die Berliner waren immer theaterwütig gewesen, und jetzt waren sie es mehr denn je ...

153) Metzger/Dunker, a.a.O. S.194
154) Lehmann, a.a.O. S.86
155) Metzger/Dunker, a.a.O. S. 198
156) Metzger/Dunker, a.a.O. S. 194

Plötzlich hatten die Zeitungen wieder einen Vergnügungsteil, und dazwischen fand man Anzeigen wie diese: „Scala sucht Girls, Größe nicht unter 1,62" oder „Jeder Besucher des Schloßparktheaters wird dringend gebeten, einen Nagel mitzubringen." [157]

Der Kurfürstendamm war zwar nur noch ein Schatten seiner selbst, aber er war als Straße erkennbar geblieben. Ein Zeitzeuge, der im Juli 1946 aus Köln nach Berlin kam und über den Kurfürstendamm ging, war überrrascht, wie aufgeräumt und relativ intakt der Kurfürstendamm - im Vergleich zu Köln - auf ihn wirkte. [158]

Und der „Tagesspiegel" vom 27.5.1946 schrieb: "Der Kurfürstendamm ist nach schwerem Schlaf wieder erwacht. Es ist verblüffend, wie rasch er sich wieder erholt hat, denn wer die letzten Apriltage 1945 gesehen hat, hätte es nicht für möglich gehalten. Aus Kaffees und Bars lockt Musik wie einst . . . der Kudamm kommt wieder."

Die Berliner gingen mit einem unerschütterlichen Lebenswillen an den Wiederaufbau des zerstörten Kurfürstendamms. Dabei entwickelte sich ein unbesiegbarer Optimismus und ein starkes Vertrauen in die Zukunft. Die Sowjets hatten nach dem Potsdamer Abkommen ja schon im Herbst 1945 den Westteil Berlins den Amerikanern, Engländern und Franzosen mit je eigenen Sektoren überlassen, und dies wirkte sich auch schnell aus. Rund um den Kurfürstendamm wurde wieder amerikanische Musik gespielt. [159]

In seinen „Berliner Miniaturen" schrieb Georg Holmsten 1946: „Der Kurfürstendamm lebt, lebt weiter, lebt wieder. Ohne Lichterglanz und Alkohol, ohne Austern und Luxuslimousinen. Trotz Ruinen und Lebensmittelkarten. Der Kurfürstendarrm lebt, lebt sein zweifelhaftes, belangloses, verführerisches und doch aus Berlin nicht weg zu denkendes Leben." [160]

157) Metzger/Dunker, a.a.O. S. 194
158) Curt Riess, Berlin, Berlin, 1945-1953, Berlin 1953, S. 51
159) Metzger/Dunker, a.a.O. S.194
160) Stürickow, a.a.O. S.145

In überraschend schnellem Tempo entstanden auf dem Kurfürstendamm provisorische Bauten, in Behelfsläden eröffneten wieder Geschäfte. In den Kinos gab es Matinéen, vor allem am Sonntag. Die Schaubühne Wien annoncierte vom 1. bis zum 3.11.1946 eine „Herbstparade" mit dem Hinweis: „Ende gegen 23 Uhr. Nach Schluß der Vorstellung gute Fahrverbindungen in alle Richtungen. Das Theater ist geheizt." All diese Veranstaltungen waren bis auf den letzten Platz ausverkauft. [161]

Kaufhaus im Behelfsladen

Bei den Matinéen in den größeren und kleineren Kinos am Kurfürstendamm wurde das Publikum angelockt durch Musik, Chansons und Schlager (die lange Zeit verboten waren), kleine Sketche oder Kabarett-Einlagen. Die Zuschauer standen in Scharen an. Schon unmittelbar nach Kriegsende eröffneten alte oder neue Kabaretts am Kurfürstendamm. [162]

Ein Regisseur der damaligen ersten Aufführungen im Kabarett der Komiker erinnerte sich später: "Wir spielten damals nicht, um Geld zu verdienen ... wir spielten, weil es uns Spaß machte. Natürlich war alles ganz einfach ... Wir wollten damals „anderes Theater"... mehr in den experimentellen Bereich gehen. Theater war in jenen Jahren ... ungemein lebendig und aktuell." [163]

161) Georg Holmsten, Berliner Miniaturen. Großstadtmelodie. Mit Zeichnungen von Ilse Theuer, Berlin o.J.(1946) S. 18
162) Stürickow, a.a.O. S. 147
163) Stürickow, a.a.O. S. 146 ff.

Theater am Kurfürstendamm

Auch die Komödie am Kurfürstendamm Nr. 206/207 wurde wieder aufgebaut am 26.3.1946 wurde sie eröffnet mit dem Stück „Kabale und Liebe" von Schiller. Noch im selben Jahr gab es 8 Premieren! Ein Jahr später, am 17.12.1947 eröffnete auch das benachbarte Theater am Kurfürstendamm Nr. 207/208 mit dem „Sommernachtstraum" von Shakespeare. [164]

Direkt nach dem Krieg begann eine Umbenennungswelle bei den Namen von Straßen und Plätzen. Das betraf nicht nur die Zeit des Nationalsozialismus, sondern auch die Kaiserzeit. Der Auguste-Viktoria-Platz mit der Ruine der Kaiser-Wilhelm-Gedächtniskirche wurde in Breitscheidplatz umbenannt nach dem sozialdemokratischen Politiker, der 1944 in Buchenwald umgekommen war. Dass die Gedächtniskirche ihren kaiserlichen Namen nicht verlor, lag wahrscheinlich daran, dass nur noch eine Ruine von ihr übriggeblieben war.

Sogar eine Umbenennung des Kurfürstendamms in „Kurdamm" wurde diskutiert mit dem Argument, dass es keine Kurfürsten mehr gäbe. Den Zeitgenossen war es wohl entgangen, dass Preußen bereits seit 1701 keine Kurfürsten mehr hatte, sondern ein Königtum war, ohne dass der Kurfürstendamm seinen Namen verloren hätte.

In dieser Zeit entstand der Schlager: "Ich hab so Heimweh nach dem Kurfürstendamm" Er wurde populär wie kaum ein zweites Lied in den ersten Nachkriegsjahren. Er wurde nicht nur überall in Deutschland gesungen, sondern in der ganzen Welt. Wer jetzt noch gewagt hätte, eine Umbenennung des Kurfürstendamms zu fordern, wäre „in der Luft zerrissen" worden. [165]

164) zitiert bei Metzger/Dunker, a.a.O. S. 198 ff.
165) Metzger/Dunker, a. a.O. S. 198

Dafür war den Berlinern der Name des Kurfürstendamms plötzlich zu lang, man sprach nur noch vom "Ku-damm". Man weiß nicht einmal, wer diese rigorose Abkürzung und Verstümmelung des Namens zuerst gebraucht hat, aber auf jeden Fall hat sie sich eingebürgert und ist vor allem bei Ausländern wegen ihrer einfachen Form beliebt. [166]

Der eigentliche architektonische Wiederaufbau des Kurfürstendamms konnte mit der atemberaubenden kulturellen Entwicklung nicht Schritt halten, weil er an verfügbares Baumaterial und bauaufsichtliche Genehmigungen gebunden war. Dadurch blieb aber auch erst einmal die Breite der Straße mit Bürgersteigen, Fahrspuren und Mittelstreifen unverändert erhalten, der Boulevard behielt seine Straßenstruktur.

Aber als nach der Währungsreform 1948 in anderen Städten der Wiederaufbau erst richtig begann, brachte in Berlin die Blockade im Sommer 1948 den Aufbau völlig zum Erliegen. Die Währungsreform und die Einführung der Ostmark im Bereich der ehemaligen DDR sollte auch in ganz Berlin eingeführt werden. Aber als die Westalliierten und die deutsche Bundesregierung die D-Mark in West-Berlin einführten, sperrten die Sowjets alle Landwege nach Berlin, die Versorgung West-Berlins lief nur noch über genau festgelegte Luftkorridore.

Der amerikanische General Clay traf mit seinen Kollegen aus England und Frankreich die Entscheidung, die Stadt als „Insel im roten Meer" nicht aufzugeben, sondern der Blockade durch eine Luftbrücke zu begegnen. Dieser Transportweg war natürlich für Baumaterial fast völlig tabu, weil in erster Linie Lebensmittel und Brennstoff für die Haushalte und Kraftwerke herangeschafft werden mussten.

Die Entbehrungen dieser Zeit waren groß. Während es im Westen der Bundesrepublik in den Läden wieder alles gab und die erste große „Fresswelle" das Durchschnittsgewicht der Bundesbürger in die Höhe trieb, wurde in Berlin gehungert und im sehr strengen Winter 1948/49 auch gefroren.

166) Lehmann, a.a.O. S. 95

Zur Zeit der Blockade fuhren die Eltern und Großeltern aus dem westlichen Berlin am Wochenende oft mit ihren Kindern und Enkeln zum Flughafen Tempelhof, um die startenden und landenden Flugzeuge zu sehen. Dies haben mir mehrere Erwachsene im Alter von 60 Jahren als Zeitzeugen erzählt. Auch und gerade als Kinder begriffen sie, dass alle Berliner an dieser Lebensader hingen. Der amerikanische Pilot Gail Halvorsen warf nach einem der ersten Flüge bei der Landung zwei Tafeln Schokolade in eine Gruppe von 10 bis 12 Kindern.

Er erwartete, dass sie sich darum balgen würden. Aber die beiden ältesten Jungen nahmen die Tafeln ruhig in die Hand und teilten sie gerecht unter alle anwesende Kinder auf. Der Amerikaner war so beeindruckt, dass er die Aktion mit den sogenannten Rosinenbombern ins Leben rief. Er sprach viele Kollegen an und bat sie, Süßigkeiten für die Berliner Kinder zu sammeln.

Und dann wurden über dem Flughafen Tempelhof diese Süßigkeiten mit kleinen Fallschirmen abgeworfen. Gerade derartige emotionale Verbindungen der Westalliierten mit den Berlinern führten dazu, dass in der Blockadezeit aus ehemaligen Kriegsgegnern Freunde wurden.

Es gab Stromsperren in der in Planquadrate aufgeteilten Stadt. In jedem dieser Quadrate wurden die Menschen nur stundenweise mit Strom beliefert. Der RIAS = „Rundfunk im amerikanischen Sektor" fuhr mit dem Übertragungswagen in die stromlosen Bezirke, um dort die aktuellen Nachrichten zu senden. [167] Am Kurfürstendamm wurde mit Ost- und Westmark gehandelt, auch der Schwarzmarkt blühte wieder auf.

Als die Blockade im Mai 1949 aufgehoben wurde und die ersten Wagen über die Autobahn rollten, war der Jubel groß. Aber die Stadt war nach dem Ende der Blockade nun endgültig geteilt und hatte zwei verschiedene Währungen im Osten und im Westen. Nachdem die Sowjets gescheitert waren mit dem Versuch, die Stadt auszuhungern, machte der „kalte Krieg" die beiden Stadthälften zu Konkurrenten. Das westliche Berlin musste sich eine eigene Innenstadt zulegen, und deren Zentrum war automatisch der Kurfürstendamm.

167) Lehmann, ebda

Er wurde zum „Schaufenster des Westens" und wurde in jeder Hinsicht von den Westalliierten in seiner Entwicklung unterstützt, vor allem bei größeren kulturellen Projekten.

Schon im Sommer 1947 gab es erstmals wieder „Internationale Filmfestspiele" am Kurfürstendamm. Im „Marmorhaus" lief z.B. Käutners Film „In jenen Tagen" mit der jungen Hildegard Knef in der Hauptrolle, der Boulevard fing wieder an zu leben als „Bühne der Zeit". [168]

H. Knef

Auch der Wiederaufbau des Kurfürstendamms wurde nach dem Ende der Blockade erneut in Angriff genommen. Man baute zunächst die Häuser auf oder um, die nur teilweise zerstört worden waren und bei denen eine gewisse Bausubstanz und die tragenden Stahlskelette noch vorhanden waren. Es wurden Baulücken geschlossen oder neue Läden in die alte Bebauung eingefügt.

Ab 1952 flossen Gelder aus dem Marshall-Plan und dem Notstandsplan nach Berlin, und dadurch konnten die ersten vollständigen Neubauten am Kurfürstendamm errichtet werden. Dazu gehörten das Hotel Kempinski Nr. 27, und einige Geschäftshäuser mit den Nummern 32/33, 64/65, 67 und 182/183. All diese Gebäude hatten einen klaren sachlichen Stil und fügten sich in ihre Umgebung am Kurfürstendamm ein. Sie hatten ruhige und zurückhaltende Fassaden und wahrten den städtebaulichen Zusammenhang mit der ursprünglichen Bebauung. [169]

Wie mühsam die Reparatur des Kurfürstendamms im einzelnen war, zeigt der Bericht des Zeitzeugen Ralph Gizinski aus seiner Kindheit. Sein Großvater, 1890 geboren, kam 1904 nach Berlin und machte eine Ausbildung als Textilkaufmann. Später hat er einen Brat- und Backapparat entwickelt und dieses Gerät nach dem Ersten Weltkrieg weltweit verkauft in seinem Geschäft „Lucullus - Küche und Bad" am Kurfürstendamm.

168) Krüger, a.a.O. S.94
169) Metzger/Dunker, a.a.O. S.208

Nach dem Zweiten Weltkrieg kaufte er in unmittelbarer Nähe des ehemaligen völlig zerstörten Geschäfts eine „wiederaufbaubare Ruine" am Kurfürstendamm 200, um dort sein Geschäft „Lucullus" wieder eröffnen zu können. Er war zu diesem Zeitpunkt schon 65 Jahre alt, und seine beiden Enkel halfen ihm beim Aufbau des Hauses und seiner Hinterhofgebäude Mitte der fünfziger Jahre.

Lucullus   *Ralph Gizinski mit Großvater, Vater und Bruder*

Ralph Gizinski war damals ca 12 Jahre alt und klopfte mit seinem Bruder Steine von Mörtel und Schutt frei. Pro Stein erhielten die Jungen 2 Pfennig und verdienten sich so am Tag stattliche 5 Mark Taschengeld. Da es wenig Motoren und Kräne gab, wurde eine eiserne Rolle im Boden des Hofes verankert. An diese Rolle wurde ein Auto gebunden, das vorwärts und rückwärts fuhr und dabei Eisenträger nach oben zog.

Die Jungen füllten auch Schlacke und Estrich in Eimer, die hochgezogen wurden. Sie luden Zementsäcke aus und halfen beim Betonieren des Hofs. Aber sie spielten auch im Hof in dieser abenteuerlichen Ruinenlandschaft. Ralph Gizinski erinnert sich auch daran, dass am Kurfürstendamm an der Ecke zur Knesebeckstraße in Richtung Gedächtniskirche in einem hässlichen Neubau das „Haus der Stoffe (HdS)" entstand. Dieses von ihm als „Papphaus" bezeichnete Gebäude wurde später wieder abgerissen.

Es gab in dieser Zeit leider keine Gesamtplanung für den Wiederaufbau des Kurfürstendamms, und es fehlte auch so etwas wie eine Erhaltungssatzung. Häufig wurden nur einfach Baulücken geschlossen nach den Bedürfnissen der Geschäftsleute ohne irgendeinen Qualitätsmaßstab. Es ging nur darum, möglichst schnell neue Geschäfts- und Büroräume zu schaffen.

In den 50er Jahren setzte am Kurfürstendamm ein regelrechter Bauboom ein. So entstanden Neubauten, die in ihrer historischen Umgebung völlig isoliert waren und mit dem Erhaltenen nicht harmonierten. Viele Fassaden und große Wohnhäuser, die den Krieg unversehrt überstanden hatten, wurden jetzt bedenkenlos abgerissen und einer falsch verstandenen „Modernität" geopfert. Die Pläne des Magistrats von 1949 waren eher verschwommen und gaben keine Richtlinien vor. So kam es zu einer unkoordinierten Realisierung verschiedener Projekte. [170]

Für das Gebiet um den Bahnhof Zoo kam es unter dem starken Druck der dortigen Geschäftsinhaber nach einem gescheiterten Architektenwettbewerb zu einer Minimallösung „Richtplan Zoogebiet", der sich auf die Festlegung der Baufluchtlinien beschränkte.[171] Auf dem Gebiet der Viktoria-Versicherungsgesellschaft Hardenbergstraße/Joachimstaler Straße/Kurfürstendamm

Café Kranzler

wurde zunächst das Bilka-Kaufhaus errichtet, das wegen seiner Kuppel „Groschenmoschee" genannt wurde. Dann entstand eine Ladenzeile an der Joachimstaler Straße und an der Ecke zum Kurfürstendamm das neue Café Kranzler, das allgemein sehr begrüßt wurde.

Auf derselben Seite der Joachimstaler Straße an der Ecke zum Kurfürstendamm entstand das Hochhaus der Allianz-Versicherung. Die Kantstraße wurde vor der Einmündung in die Budapester Straße mit dem „Schimmelpfenghaus" überbaut. Das sogenannte „Zentrum am Zoo" umfasste ein Bürohochhaus gegenüber dem Bahnhof Zoo, zwei Kinos in der Hardenbergstraße hinter

170) Stürickow, a.a.O. S. 183 f.
171) Metzger/Dunker, a.a.O. S. 206

Zentrum am Zoo

dem Hardenbergplatz (Zoo-Palast und Atelier am Zoo) und einen hohen Langbau in der Budapester Straße für Läden und Büros.[172]

Obwohl es Architektenwettbewerbe gab, waren all diese Neubauten als Ensemble wenig überzeugend. Da man die flachen Behelfsbauten der Nachkriegszeit leid war, galten Hochhäuser als erstrebenswert und „modern" - unabhängig davon, ob ihre Proportionen ins Stadtbild passten oder nicht. Die hohen und eher klotzigen Betonriegel am Ende der Kantstraße, an der Budapester Straße, am Hardenbergplatz und am Joachimstaler Platz verhinderten eine spürbare Urbanität.

Immerhin wurde das zerstörte westliche Zentrum wieder aufgebaut, Berlin und der Kurfürstendamm begannen aufzuholen nach der lähmenden Blockadezeit. Nun aber musste West-Berlin nach dem Verlust der Hauptstadtfunktion und als Stadt ohne Hinterland erst seine neue Rolle finden. Es kam darauf an, neue Schwerpunkte und Aufgabenbereiche zu entwickeln.

Dazu gehörte zunächst die **Modebranche**, die in Berlin eine alte Tradition hatte. Die ehemaligen Zentren der Mode und Konfektion in Berlin-Mitte waren im Krieg zerstört worden. Da viele Betriebe nicht im sowjetisch besetzten Sektor arbeiten wollten, ließen sich die Modefirmen nach dem Krieg im Westen nieder, u.a. am Kurfürstendamm und am Bahnhof Zoo .

Der Neuanfang nach dem Krieg war schwer. Ein Modehaus hatte vorsorglich seine Stoffe im Krieg in einem Keller eingemauert und konnte 1945/46

172) Metzger/Dunker, a.a.O. S.211

sofort anfangen zu arbeiten. Manche Coutouriers tauschten Schokolade gegen Stoffe, manche retteten den einen oder anderen Ballen aus Kellern und Ruinen. Ein Modehaus bestritt seine erste Kollektion mit Modellen aus ehemaligen Vorhängen der Repräsentationsräume mit Woll-Applikationen aus aufgetrennten Soldatensocken. Die Zeitumstände wurden durchaus berücksichtigt, ein Modell hieß „Stromsperre."

Die Kundinnen der ersten Modenschauen nach dem Krieg lieferten selbst die Stoffe, z.B. Gardinen, Vorhänge, Tischdecken, Laken und Militärmäntel. Korpulente russische Ehefrauen aus der Kommandantur warteten bei einem Modemacher mit großen Butter-und Schmalzkartons auf tragbare und repräsentative Kleidung. Schon 1946 gab es am Kurfürstendamm wieder 210 Geschäfte, davon 43 Modefirmen.

Nach dem Ende der Blockade 1949 begann der wirtschaftliche Aufschwung der Modebranche. Ab 1950 zog es die anspruchsvollsten Häuser der Haute Couture an den Kurfürstendamm ins Zentrum öffentlicher Aufmerksamkeit: Gehringer & Glupp Nr.213, Horn Nr. 224, Staebe-Seger Nr. 36 und Schwichtenberg. Später kamen noch die Firmen Oestergard, Uli Richter und Detlev Albers dazu. Der Boulevard war besonders attraktiv für sie, weil die geräumigen Wohnungen luxuriöse Vorführungen erlaubten und weil die Häuser alle einen Fahrstuhl hatten.

Bald fand die große Berliner Modemesse mit dem Namen „Durchreise" statt, Berlin wurde Zentrum der europäischen Damenmode. Modemacher und Modejournalisten aus ganz Europa und den USA kamen mit ihren deutschen Kollegen zu den Präsentationen am Kurfürstendamm. Sie fanden an mehreren Tagen von 10 Uhr bis Mitternacht statt Die Firmen „zelebrierten" ihre Modenschauen in einer sehr gehobenen Atmosphäre. [173]

173) Metzger/Dunker, a.a.O. S.211 f.

ECO-Haus der Berliner Konfektion

Für die Wirtschaftskraft Berlins war aber die Konfektion mit der Bekleidungsherstellung in großem Stil genauso wichtig wie die großen Modehäuser. Für diesen Teil der Mode wurde 1955 das ECO-Haus fertiggestellt (Ebel & Co). Es diente als Zentrum für viele Konfektionsfirmen mit seiner sandfarbenen Travertin-Fassade und war ein Musterbeispiel für die Architektur der 50er Jahre. Im Erdgeschoss wurden Läden und ein Kino eingerichtet.[174] In diesem für die Konfektion bedeutenden Gebäude arbeiteten mehr als 1000 Beschäftigte.

Ein weiterer bedeutender Schwerpunkt für Berlin und den Kurfürstendamm wurden ab 1951 die **Internationalen Filmfestspiele**. Ursprünglich waren sie als einmaliges Ereignis geplant. Alfred Bauer, der langjährige Leiter, übergab im Juli 1950 dem Oberbürgermeister und den drei westlichen Stadtkommandanten ein Memorandum mit Vorschlägen, Berlin wieder zum Filmzentrum zu machen.

Der amerikanische Filmoffizier Oscar Martay griff die Idee begeistert auf und stellte der Festspielleitung in der Kleiststraße Büroräume, einen Dienstwagen und eine Sekretärin zur Verfügung, er bezahlte Briefpapier und Porto. Aber auch der Berliner Senat hatte den Wunsch, in der Stadt wieder eine lebensfähige Filmindustrie und öffentliche Filmwettbewerbe zu schaffen.

174) *In ähnlichem Stil wurden zur gleichen Zeit weitere Geschäfts–und Wohnhäuser gebaut am Kurfürstendamm 67, 94/95, 106/107, 111/112 und 129 f.*

Die ersten Filmfestspiele vom 6. bis zum 18.6.1951 wurden ein voller Erfolg. 21 Länder schickten 34 Spielfilme und 105 Dokumentar- und Kurzfilme, die von einem deutschen Preisgericht beurteilt und prämiert wurden. Bis 1956 konnte sich auch das Berliner Publikum an der Abstimmung über die Filme beteiligen. Dann erhielt das Berliner Festival den begehrten A-Status wie die Filmfestspiele in Cannes und Venedig, und damit übernahm dann eine internationale Jury die Prämierung der besten Filme. Schon im Jahr 1951 zählten die Filmfestspiele über 100.000 Besucher.

Neben den Filmvorführungen gab es auch noch zahlreiche Sonderveranstaltungen, u.a. Retrospektiven klassischer Stummfilme, Ausstellungen, Filmbälle, ein aktuelles Forum und Sondervorführungen von Festspielfilmen für DDR-Besucher in besonderen an den Sektorengrenzen der Stadt gelegenen Kinos.

Es ist dem großen Erfolg und dem positiven Echo in der nationalen und internationalen Presse zu verdanken, dass der Senat im Dezember 1961 beschloss, die Filmfestspiele im nächsten Jahr zu wiederholen und sie damit zu einer festen Einrichtung zu machen.[175] Liefen 1951 die Filme noch im Titania-Palast in Steglitz, so wurden die Filmfestspiele ab 1952 am Kurfürstendamm sesshaft. Die Filme liefen im Gloria-Palast, im Marmorhaus, in der Filmbühne Wien, im Delphi in der Kantstraße und im Capitol am Lehniner Platz, ab 1957 dann im Zoo-Palast.

Die Berliner waren schon seit jeher ein begeistertes und sachkundiges Publikum gewesen. Ihre Begeisterung war überwältigend, sie pilgerten zum Flughafen Tempelhof, um die Filmgrößen zu empfangen. Am Kurfürstendamm versammelten sie sich zu Hunderten vor den Hotels.

175) Metzger/Dunker, a.a.O. S. 218

Denn es kamen in der Tat in den 50er Jahren immer mehr namhafte Stars nach Berlin: Gary Cooper, Sophia Loren, Gina Lollobrigida, Alec Guiness, Shirley Mc Laine und James Stewart gaben sich genauso die Ehre wie die berühmten Filmregisseure Fellini, Renoir, Truffaut und Walt Disney [176]

Neben dem Film war vor allem das **Kabarett** eine Kunstform, die für die Berliner geschaffen zu sein schien als geistige Verarbeitung widriger Lebensumstände, in der sie sich selbst auf die Schippe nahmen. Das Kabarett „Die Stachelschweine" zimmerte sich in einem Kurfürstendammkeller ein Podium im diffusen Licht einer verspottenswerten Welt. Sie waren ständig ausverkauft und konnten sich später in der Rankestraße in eigenen Räumen etablieren. Westberlins Funkkabarett „Die Insulaner" trat im Theater am Kurfürstendamm auf und leitete eine regelmäßig wiederkehrende Dialogszene mit der freudigen Feststellung ein: "Nein, meine Liebe, daß man Sie wieder mal trifft, und mitten auf dem Kurfürstendamm. . . „

Und unter dem Motto: „*Sehn se, das ist Berlin!*" wußten sie folgende Story zu erzählen:
„*Ein Mann verlor am Kudamm/fünf Mark in einem Stück.*
Er sprach zum Schupo: Wenn Se't finden/gebn Se's mir zurück!"
Durch Zufall fingen gleich darauf/dort Bauarbeiter an,
der Asphalt wurde uffgestemmt,/und zum Schupo sprach der Mann:
„*Hier sind ja über zwanzig Leute tätig,/sehr nett von Ihn'n,*
doch det war nich nötig." [177]

Berlin konnte wieder über sich lachen und dies keineswegs nur im Westteil der Stadt. Das Kabarett „Die Distel" am S-Bahnhof Friedrichstraße in Ost-Berlin war ein Stachel im verordneten Sozialismus und zog Besucher aus Ost und West in Scharen an.

Das kulturelle Leben entwickelte sich im Westteil der Stadt in den 50er Jahren in unerwartet schnellem Tempo. Der Baedeker von 1954 zählte am Kurfürstendamm auf: vier Theater, neun Kinos, vier Galerien, vier Buchhandlungen,

176) Stürickow, a.a.O. S. 188 ff.
177) Lehmann, a.a.O. S. 27 f.

dazu Kabaretts und Bars mit musikalisch-kabarettistischen Aufführungen.

Auch die ehemals berühmte **gastronomische Mischung** am Kurfürstendamm kehrte bald zurück. Beim Ku-Damm-Bummel traf man sich in den wieder eröffneten bekannten Cafés: Café Kranzler, Café Möhring, Café Schilling, Café Reimann und Café Wien. Sehr bekannt wurde auch das Café „Zuntz sel. Witwe", in dem sich Schüler und Studenten, Künstler und Intellektuelle trafen sowie hochmoderne junge Frauen. Berühmt wurde auch das Café Bristol am Kurfürstendamm 35 gegenüber

Café Wien

den Kurfürstendamm-Theatern. Es entwickelte sich schon zu Beginn der 50er Jahre zum Treffpunkt von Künstlern und Intellektuellen.[178]

Viele alte und neue Lokale eröffneten nach Krieg und Blockade am Kurfürstendamm: „Mampes gute Stuben" Nr. 14/15 fürs bürgerliche Publikum, rechts daneben die berühmte „Atlantic Bar". Der Zigeunerkeller Nr. 26 war ebenso beliebt wie der Kurfürstendammkeller im „Hotel am Zoo", in dem oben ein Nobel-Restaurant lag. Im Hotel Kempinski gab es das „Kempinski-Restaurant" und den „Kempinski-Grill". Am Kurfürstendamm 68 befand sich das Restaurant „Tusculum", hier traf sich in den 50er Jahren die Prominenz aus Film und Bühne, Handel und Industrie.

Auch das „Kleine Künstlerrestaurant", das „Ricci", das Künstlerlokal „Insel" und das „Kopenhagen" zogen die Gäste an. [179] In den Nebenstraßen gab es ebenfalls unzählige Restaurants, Cafés und Künstlertreffs. Und in der

178) Stürickow, a.a.O. S. 199
179) Stürickow, a.a.O. S.201

Joachimstaler Straße 3 gab es bei "Aschinger" die berühmte billige Erbsensuppe und andere einfache bezahlbare Gerichte. [180]

Regina Stürickow hebt die Großgaststätte „Berliner Kindl" Nr. 225/226 und ihre seit 1947 verwitwete Wirtin Else Klemke als „Seele des Kurfürstendamms" hervor. Sie hatte zum Beispiel nach dem Krieg noch einen Sack Erbsen im Keller, baute eine Art Gulaschkanone vor dem Lokal auf und verteilte kostenlos Erbsensuppe an die Berliner. Auch in der Blockadezeit fand sie trotz vieler Engpässe immer einen Weg, ihre Gäste zu bewirten.

In den 50er Jahren machte Else Klemke aus dem „Kindl" ein Gastronomie-Imperium mit eigener Metzgerei und Konditorei. Ca 4000 Mahlzeiten verließen am Tag die Küche, die sie selbst „Schnitzelfabrik" nannte. Anfang der 60er Jahre hatte sie 158 Angestellte.

Sie lieferte auch hervorragende kalte Buffets, für eine Modenschau bei Staebe-Seger dekorierte sie einmal ein Modellkleid aus Räucherlachs-Scheiben auf Kristall-Eis. Es gab auch Premierenfeiern der Filmfestspiele, natürlich standen auch alle Prominenten dieser Zeit in ihrem Gästebuch.[181]

Beim Neuaufbau des Boulevards war vom verschwenderisch eingerichteten Café oder Nobel-Restaurant bis zur volkstümlich eingerichteten Gaststätte alles zu finden. Diese Mischung war typisch für den Kurfürstendamm, der sich auch deshalb so gut entwickeln konnte, weil es keine Sperrstunde in Berlin gab.

180) vgl. Hans Erman, Walter Podratz, Kleiner Bummel durch Berlin, Berlin 1957, S. 151 f.; Stürickow, a.a.O. S. 201 ff.
181) Stürickow, a.a.O. S. 165-181

Bald kamen auch die **Nobelgeschäfte und viele andere Läden** zurück an den Kurfürstendamm, vor allem Boutiquen, Pelzgeschäfte, Juweliere, Herrenkonfektionsgeschäfte. Es gab mehrere hochwertige Hutgeschäfte, Lederwaren, Optiker, Antiquitätengeschäfte und auch wieder Teppichgeschäfte und Autohäuser.

Anfang der 50er Jahre entstanden in Berlin auch neben den Filmfestspielen weitere Großveranstaltungen wie die „Internationale Grüne Woche" und die Avusrennen. All diese Veranstaltungen wirkten sich wegen ihrer unmittelbaren Nähe zum Kurfürstendamm sehr positiv auf dessen Gastronomie und Geschäftsleben aus.

Es ergab sich beinahe von selbst, dass sich das gesellschaftliche Leben im Westen Berlins vor allem am Kurfürstendamm abspielte. Er hatte sein großstädtisches Flair zurückgewonnen, er war „in" und zog die Menschen an, Berliner und Touristen, nationale und internationale Besucher.

Der Kurfürstendamm nach dem Aufstand vom 17. Juni 1953 und dem Chruschtschow-Ultimatum von 1956

Die Stadt kam aber auch nach dem Ende der Blockade und dem raschen Wiederaufbau nicht zur Ruhe. Die Niederschlagung des Aufstands vom 17. Juni 1953 in Ostberlin und in der DDR erschütterte auch West-Berlin, wo die Zahl der Flüchtlinge stark anstieg. Im Chruschtschow-Ultimatum von 1956 versuchte die Sowjetunion, West-Berlin als sogenannte „freie Stadt" von der Bundesrepublik abzukoppeln.

Dieser sowjetische Vorstoß wurde zwar von den Westmächten einhellig zurückgewiesen, aber er löste trotzdem in Berlin eine gewisse Verunsicherung aus. Viele Privatleute verkauften in dieser Zeit nach 1956 ihre Häuser und Grundstücke, die Immobilienpreise sanken. Die Firmenzentralen großer Unternehmen waren ohnehin kaum noch in Berlin vertreten. Nun wurde noch einmal wirtschaftliche Entscheidungskompetenz aus der Stadt abgezogen.

Auch die Fluktuation in den Geschäften am Kurfürstendamm war hoch. Mit der Abwanderung von einem Teil des kaufkräftigen Publikums verschwand eben nach 1956 auch ein Teil der Läden, in denen sie gekauft hatten. Und deren defaitistische Stimmung übertrug sich teilweise auch auf die Geschäftsinhaber am Kurfürstendamm.

Es war klar, dass die Stadt ohne einen frei zugänglichen Wirtschaftsraum in ihrer unmittelbaren Umgebung nicht lebensfähig war. Sie wurde deshalb - in Übereinstimmung mit den Westmächten - massiv von der Bundesrepublik unterstützt durch spezielle Berlinzulagen für Firmen und Arbeitnehmer, die in die Stadt kamen oder in der Stadt blieben.

West-Berlin wurde als „Schaufenster des Westens" und als „Insel der Freiheit" im „roten Meer" auch propagandistisch aufgerüstet. Und so entwickelte sich der Berlin-Tourismus bald zu einem besonderen Wirtschaftsfaktor, der gleichzeitig die politisch-ideologische Position West-Berlins unterstützte.

Für Berlinreisen gab es hohe Zuschüsse der Bundesregierung, die an ein vorgegebenes Besuchsprogramm gebunden waren. Vom „Besucherdienst" des Ministeriums für gesamtdeutsche Fragen und vom Presseamt des Berliner Senats wurden politisch informative Stadtrundfahrten angeboten sowie Vorträge über die besondere Lage Berlins in der „sowjetisch besetzten Zone (SBZ) ". [182]

Berlin hatte natürlich auch Individualtouristen aus dem In- und Ausland, die hochwertige Städtereisen buchten. Vorwiegend aber wurden unzählige Gruppen mit Reisebussen in die Stadt geschleust durch jenen von der Bundesregierung geförderten Massentourismus. Je nach Finanzkraft wohnten die Besucher auch häufig in den Hotels am Kurfürstendamm oder in den preiswerteren Pensionen der Nebenstraßen.

---

182) Als Studentin und Referendarin habe ich Ende der 50er Jahre bis 1962 im Rahmen dieses Besuchsprogramms zahlreiche Vorträge gehalten. Anschließend gab es jeweils Diskussionen. Es kamen Schulklassen aber auch Wirtschaftsführer und Parteienvertreter, Hausfrauengruppen und Bauernvereine, Lehrerverbände und Sportvereine. Man konnte sich als Referent/in vorbereiten auf einen allgemeinen Vortrag oder auch auf Fachvorträge über Schulwesen oder Landwirtschaft, Literatur oder Sport im östlichen Deutschland oder in Berlin.

Der Kurfürstendamm war und blieb die erste Anlaufstelle für alle Berlin-besucher, und er veränderte dadurch natürlich auch sein Gesicht. Die Bus-touristen bevölkerten den Boulevard und trafen sich dann in bestimmten Großgaststätten und Cafés am Ku-Damm in solchen Scharen, dass sich ihre Beliebtheit beim Berliner Publikum in Grenzen hielt. Insgesamt aber wuss-te man in Berlin, dass die Stadt - und speziell der Kurfürstendamm - die Touristen brauchte, weil sie den Umsatz und die Bekanntheit des Boulevards förderten.

Es war klar, dass Berlin am Tropf bundesrepublikanischer Subventionen hing, und dafür gab es auch überall eine Art grundsätzliche Dankbarkeit. Die Berliner waren schon immer und jetzt wieder gute und herzliche Gastgeber und begegneten den „Touris" als humorvolle „Insulaner". Gerade bei den Be-gegnungen am Kurfürstendamm enstanden auch viele persönliche Kontakte zwischen Berlin und „Wessiland", die oft zu Gegenbesuchen führten.

Teilweise konnte also Berlin seine mangelnde Wirtschaftskraft ausgleichen durch seine Selbstvermarktung als „Aushängeschild" westlicher Lebensart, als „Frontstadt" im „kalten Krieg" und als „Bollwerk" gegen den zwangssozi-alisierten Osten. Der Tourismus wurde in dieser Situation auch als eine Art Solidaritätserklärung mit der Stadt verstanden, es konnten alle besichtigen, worunter die Berliner zu leiden hatten.

Die Berlinbesucher/innen fuhren zu den Sektorengrenzen und photogra-phierten russische Panzer. Sie besuchten aber auch Ostberlin mit seinen Kunstschätzen in den Museen und bekamen Karten zu günstigen Preisen für die dortigen hochwertigen Bühnenaufführungen z.B. im Brecht-Theater, im Deutschen Theater, in der Staatsoper oder in der Komischen Oper, die durchaus ein beachtliches Niveau hatten und teure Stars aus ganz Europa verpflichteten.

Auch der Kurfürstendamm profitierte vom kulturellen Interesse der Touristen, denn Theater und Komödie am Kurfürstendamm waren ständig ausverkauft ebenso wie das Kabarett „Die Stachelschweine", die vielen Kinos und die Bars mit musikalisch-kabarettistischem Kleinkunstprogramm.

Es gab immer noch genügend Baulücken am Kurfürstendamm, und die Angebote am Boulevard hatten in mancher Hinsicht noch nicht das Vorkriegsniveau erreicht. Aber immerhin sprach man schon wieder vom „Prachtboulevard" und von „Luxus und Gelassenheit der echten Metropole". Der Nachteil solcher Beschreibungen war nur, dass sie im Auftrag des Senats verfasst worden waren. [183]

Allerdings ließ sich nicht leugnen, dass der Kurfürstendamm in den 50er Jahren tatsächlich sein Renommée wieder aufpolieren konnte. Er zählte mit seinen Geschäften und seinen gastronomischen und kulturellen Einrichtungen zumindest in Deutschland wieder zu den führenden Straßen. Es gab wieder jene unverwechselbare Stimmung dort, die ihn attraktiv machte. Er war tatsächlich „Schaufenster des Westens", selbstbewusst, wiederbelebt und beliebt. Seine Entwicklung schien 1961 auf einem guten Weg.

In diesem Jahr wurde auch eine jahrelange Diskussion um die Kaiser-Wilhelm-Gedächtniskirche abgeschlossen. Die berühmteste Baulücke der Stadt war die auf dem Platz mit der Ruine der Kirche. Die Randbebauung des Breitscheidplatzes zu beiden Seiten war auch zerstört und noch nicht wieder aufgebaut worden, so dass sich zwischen Kirche und Zoo ein weites abgeräumtes Feld erstreckte. Hier sollte nun ein neues Gebäude entstehen.

Freier Platz um die Ruine der Gedächtniskirche

183) Metzger/Dunker, a.a.O. S. 222

144

Zunächst einmal aber entstand nur eine lange Kontroverse darüber, ob und in welcher Form die Ruine in die zukünftige Planung aufgenommen werden sollte. Erst 1956 kam es zu einem Architektenwettbewerb, bei dem 1957 der Entwurf von Egon Eiermann den ersten Preis erhielt. Eiermann, der die Reste der Kirche als „Steinhaufen" bezeichnete und die Turmruine einen „faulen Zahn" nannte, sah ursprünglich den Abriss der Ruine vor.

Aber dieser geplante Abriss erregte im gebeutelten West-Berlin den Volkszorn in einer Weise, die man nicht vorhergesehen hatte. Berliner Zeitungen veranstalteten Umfragen, aus denen hervorging, dass eine Mehrheit der Bevölkerung von mehr als 90% für die Erhaltung der Turmruine war.

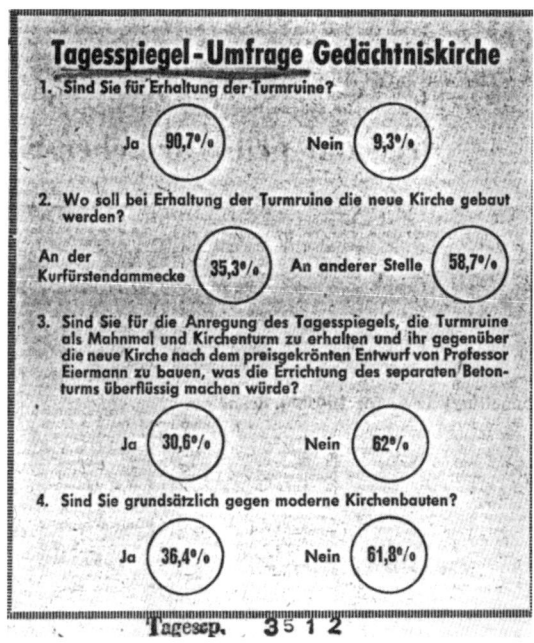

Und unter dem Eindruck dieser Umfrageergebnisse beschloss das Kuratorium der Kirche, den Turm zu erhalten und in die weitere Planung einzubeziehen. Im Februar 1957 legte Eiermann schließlich seinen überarbeiteten Entwurf vor. Die Turmruine blieb erhalten. Am 17.12.1961 fand die Einweihung des Kirchen-Neubaus statt. [184]

184) Metzger/Dunker, a.a.O. S. 225 ff.

VII. Der Kurfürstendamm vom Bau der Mauer in Berlin bis zum Fall der Mauer (1961 - 1989)

Der Bau der Berliner Mauer am 13. August 1961 versetzte Berlin in eine Art Schockzustand. Man erwartete zunächst, dass die Westalliierten mit den USA an der Spitze eingreifen würden. Aber wären die USA militärisch gegen die im Viermächteabkommen festgelegte Aufteilung der Sektoren in Berlin und gegen die Abtrennung des sowjetischen Sektors vorgegangen, so hätte die Gefahr eines Weltkriegs bestanden.[185]

Die Westmächte protestierten zwar offiziell energisch, aber sie beließen es dabei. Sie erkannten, wie ernst die Lage war und wie bedrohlich die Sowjetunion Westberlin wieder einmal in ihren Würgegriff genommen hatte. Um jeden Zweifel an der Zuverlässigkeit der USA gegenüber West-Berlin auszuschließen und die Sowjets einzuschüchtern, führten die USA am 20. August 1961 eine Militärparade mit 1500 Soldaten auf dem Kurfürstendamm durch.

Militärparade der USA am 20. August 1961

185) *Das war die offizielle Sprachregelung, die wir als Referenten des Berliner Presseamts für westdeutsche Besuchergruppen in einem „Hintergrundgespräch" vom Senatssprecher erhielten. Da wir täglich Referate und Diskussionen vor und mit Besuchergruppen im Schöneberger Rathaus hatten, war eine einheitliche Linie in dieser Lage natürlich sehr wichtig. Inoffiziell wusten wir aber auch, dass Willy Brandt damals ein stärkeres Eingreifen der Westmächte durchaus gewünscht hätte.*

Die USA - seit der Blockade unverbrüchlich mit Berlin verbunden - erkannten wohl den hohen Symbolwert des Boulevards für die Berliner und wollten der erschütterten Bevölkerung dort ihre Nähe zeigen. Von da an haben alle amerikanischen Präsidenten bei ihren Berlinbesuchen eine Fahrt über den Kurfürstendamm unternommen, z.B. am 26.6.1963 John F. Kennedy. [186]

Kennedy-Besuch am Kurfürstendamm am 26. Juni 1963

Für die Berliner Bevölkerung war der Bau der Mauer mitten durch die Stadt ein tiefer Einschnitt und zwar für die Ost-Berliner genauso wie für die West-Berliner. Die Menschen in Ost-Berlin fühlten sich endgültig „eingemauert", nachdem sie vorher durch den ungehinderten Zugang nach West-Berlin an der dortigen Freiheit und Lebensart und auch am Einkaufen ungehindert teilnehmen konnten. Die Menschen in West-Berlin waren zum Teil von ihren engsten Verwandten trotz räumlicher Nähe unerreichbar weit entfernt. Sie spürten vor allem wieder die unmittelbare sowjetische Bedrohung, weil russische Panzer in und um Westberlin standen. Die Folgen für die Stadt und die Stimmung in der enterbten Metropole waren unabsehbar. [187]

186) *Auch Queen Elisabeth fuhr 1965 und 1978 über den Kurfürstendamm.*
187) *Dies sehen auch alle Autoren so, die über diese Zeit berichtet haben: "Nichts hat. ... das Gesicht des Kurfürstendamms mehr verändert als der Bau der Berliner Mauer im August 1961." (Horst Krüger, a.a.O. S. 97). „Der Bau der Mauer ... unterbrach in drastischer Weise den Zusammenhang des westlichen Teils von Berlin mit dem alten Zentrum." (Metzger/Dunker, a.a.O. S. 229). „Der Bau der Berliner Mauer hatte auch auf den Kurfürstendamm einen gewaltigen Schock hinterlassen. Die Stimmung war erstmals nach dem Krieg wieder auf dem Nullpunkt." (Stürickow, a.a.O. S. 209).*

Zunächst einmal verließen wieder irritierte Berliner die Stadt und zogen ins Bundesgebiet. Diesmal war die Absetzbewegung aus dem nun völlig abgeschnittenen West-Berlin noch erheblich stärker als beim Chruschtschow-Ultimatum. Alle in der Stadt Lebenden hatten durch die Abtrennung Ost-Berlins ein großes Stück Lebensqualität verloren. Man konnte wichtige Menschen, Orte und Veranstaltungen in Ost-Berlin nicht mehr besuchen, und die Sowjets schienen psychologisch ein Stück näher gerückt zu sein.

Auch und gerade auf dem Kurfürstendamm gerieten Hausbesitzer und Geschäftsleute in Panik „und verkauften völlig übereilt ihre Häuser oder gaben ihre Geschäfte auf. Man konnte kurz nach dem 13. August 1961 auf dem Kurfürstendamm Mietshäuser zu einem Spottpreis von rund 50000 DM kaufen, allerdings nur gegen Bargeld, mit dem sich die einstigen Eigentümer dann sofort ins vermeintlich sichere Westdeutschland absetzten. Mehrere Häuser wechselten auf diese Weise für´n Appel und ´n Ei den Besitzer. Und diejenigen, die diese Häuser kauften, wurden schlichtweg für verrückt erklärt, dass sie dieses `Risiko` eingingen." [188]

Viele Firmen verlegten ihren Standort in die Bundesrepublik. „In einer ununterbrochenen Schlange standen die Möbelwagen vom Grenzkontrollpunkt Dreilinden am Rande Berlins bis zum Funkturm." [189] Dieser völlig „unberlinerische" Pessimismus konnte sich aber nicht durchsetzen, weil es wie immer genügend Berliner gab mit jenem Widerstandsgeist des „nicht mit uns" und „jetzt erst recht", die sich nicht aus ihrer Heimat vertreiben ließen, neue Initiativen ergriffen und neue Unternehmungen planten.

Dieser Unternehmungsgeist wurde nun durch die Politik der Bundesregierung unterstützt. Denn auch im fernen Bonn wusste man, dass West-Berlin in dieser neuen Situation weniger denn je allein lebensfähig war und finanzielle Anreize für die wirtschaftliche Entwicklung brauchte. Die politische Reaktion erfolgte zeitnah nach dem Bau der Mauer, und neue Subventionen sprudelten reichlich. Die Fülle der wirtschafts- und finanzpolitischen Förder-

188) Stürickow, a.a.0. S. 210
189) Ein Mann in unserer Stadt - Karl H.Pepper, Berlin zum 50jährigen Firmenjubiläum

maßnahmen übertraf alle Erwartungen [190]

Auch wenn jene Steuersparmodelle teilweise zu Spekulationen und manchmal auch zu reinen Abschreibungsobjekten geführt haben, so erfüllten sie doch im allgemeinen ihren Zweck. Sie regten die Bautätigkeit an.

Der erste Unternehmer, der seinen Hut in den Ring warf und ein markantes Zeichen für den Kurfürstendamm setzte, war Karl H.Pepper mit der Planung und Grundsteinlegung des Europa-Centers, das 1962 - 1965 entstand. Pepper war kein Unbekannter in der Stadt, denn der ursprüngliche Radiogroßhändler hatte schon mehrere Großprojekte im Baubereich erfolgreich abgeschlossen, u.a. das Schimmelpfenghaus über der Kantstraße und ein Hochhaus am Ernst-Reuter-Platz, das genau am 13. August 1961 eingeweiht wurde.

Am Breitscheidplatz und über seine Ränder hinaus lag 16 Jahre nach Kriegsende die größte Brache der westlichen City. Wo früher das Herz des westlichen Zentrums geschlagen hatte, war jetzt eine trostlose, riesige leere Fläche, auf der von Fall zu Fall Buden oder Zirkuszelte aufgebaut wurden. Wo früher das Romanische Cafe einen Glanzpunkt im Westen gebildet hatte, wurden jetzt die Defizite der gesamten Nachkriegszeit deprimierend vor Augen geführt.

Brache am Breitscheidplatz

190) 1962 wurde im Rahmen des Berlingesetzes eine steuerfreie Investitionszulage in Berlin eingeführt. Zu den Fördermaßnahmen des neuen Berlinhilfe-Gesetzes (1964 - 1970) und später des Berlinförderungsgesetzes gehörte es, dass 75 % der Anschaffungs- bzw. Herstellungskosten von Gebäuden steuerlich geltend gemacht werden konnten, auch wenn die Investitionen noch nicht bezahlt waren. So war es möglich, die Beteiligung an Bauprojekten fast ganz aus der Steuerersparnis zu finanzieren und insgesamt steuerliche Verlustzuweisungen von mehreren hundert Prozent zu erreichen, (vgl. Metzger/Dunker, a.a.O. S. 230 f.)

Hier einen neuen städtebaulichen Akzent zu setzen, war also eine riesige Aufgabe. Wer hätte sie besser in Angriff nehmen können als Karl H.Pepper, der für seinen unternehmerischen Wagemut und seine Unbeirrbarkeit bei einmal gefassten Plänen und Entschlüssen bekannt war. Es gelang ihm, bei Ausnutzung sämtlicher möglicher Steuersparmodelle fast 70 Geldanleger zu finden, die ein derart herausragendes Projekt finanzieren konnten.

Direkt nach dem Bau der Mauer 1961 begannen die Verhandlungen mit den Banken und die Planungen mit den Architekten und künstlerischen Beratern, und ein Jahr später am 15. August 1962 konnte der erste Spatenstich auf historischem Boden stattfinden und der Grundstein gelegt werden im Beisein des Regierenden Bürgermeisters Willy Brandt und des „Bundesschatzministers" Werner Dollinger.

Grundsteinlegung am 15.8.1962 mit Willy Brandt und Karl H. Pepper

Die nun entstehende Riesenbaustelle in der Größe mehrerer Fußballfelder bewegte natürlich die Stadt und wurde von Anfang bis Ende von der Presse überwiegend euphorisch kommentiert: "Neues Gesicht für Berlins City" (Spandauer Volksblatt), „Schon 1964 Wirklichkeit" (Berliner Morgenpost vom 25.5.1963 mit einem Abbild des Modells), „Alle drei Tage ein Stockwerk" (Telegraf vom 3.6.1964), „City kann aufatmen: 60 Millionen-Projekt kommt an den Breitscheidplatz" (Die Welt), „Krönung des Wiederaufbaus -

Europa-Center - Sensation für Berlin", „Ein Stück Manhattan an der Spree" und „Vom Schandfleck Nr. 1 zur größten Attraktion der Stadt" - die Schlagzeilen überschlugen sich. [191]

Großbaustelle des Europacenters

Am 2. April 1965 wurde das Haus eingeweiht. Neben einem Hochhaus entstanden mehrere abgestufte zwei- bis fünfgeschossige Bauten, deren Stockwerke durch Rolltreppen und Fahrstühle miteinander verbunden waren. Eine eigene City in der City lockte durch ihr vielfältiges Angebot die Besucher an. [192]

191) Pepper, a.a.O. S.54
192) Metzger/Dunker, a.a.O. S. 232 f.

Auf einer Grundfläche von 20000 Quadratmetern entstand Berlins erstes multifunktionales Geschäfts- und Vergnügungszentrum mit Läden auf drei Ebenen, zahlreichen Restaurants, Cafés und Bars, dem Kabarett „Die Stachelschweine", einer Kunsteisbahn, einer Sauna und einem Thermalbad auf dem Dach des Parkhauses.

Modell des Europacenters

Auf dem Gelände der Budapester Straße entstand noch das Hotel Palace, das sich mit seinen 282 Zimmern und 540 Betten aufgrund seiner luxuriösen Innenausstattung als Nobelherberge etablieren konnte und zusätzlich mit dem Restaurant „First Floor" und dem Sternekoch Buchholz kulinarischen Ruhm ins Zentrum brachte.

Der „Clou" der ersten Jahre war die Kunsteisbahn, die auch im Sommer betrieben wurde. Da sie aber nicht überdacht war, taute im Sommer öfter einmal die oberste Eisschicht ab, so dass die Anlage später beseitigt und umgebaut wurde. [193]

Von Fachleuten und Kunden gab es natürlich auch Kritik. Bemängelt wurde die Anonymität der Architektur, die karge Innenraumgestaltung, das mangelnde „Gesicht", der fehlende Akzent in der Stadtlandschaft. Man sprach von einer „Architektur der Farblosigkeit", von einer „Unentschiedenheit der architektonischen Sprache". [194]

Die Kunden fühlten sich gestört durch die überall zugigen Gänge, durch den Durchgangscharakter vieler Flächen ohne einen abgegrenzten Raum mit hoher Aufenthaltsqualität. Es fehlte auch so etwas wie ein klarer Wegweiser oder Leitfaden durch das Center, man wurde nicht zum Betreten eingeladen, sondern eher etwas irregeleitet.

Aber Karl Heinz Pepper hat eben das Europa-Center nie als Spekulations- und Abschreibungsobjekt angesehen, sondern er hat sich für dieses Haus engagiert und versucht, bestehende Mängel zu beseitigen oder zu verbessern. Kleinere Mängel wurden laufend behoben. Aber es wurde auch versucht, bei größeren Umbauten etwa 1976, alte Funktionen aufzugeben, die sich nicht bewährt hatten, und sie durch neue Attraktionen zu ersetzen.

Wegen der ständigen Zugluft wurden alle Eingänge mit Glastüren versehen. Anstelle der Kunsteisbahn entstand über einem Wasserbecken das Terrassen-Cafe "Tiffany´s", das man über eine Holzbrücke mit Kordelgeländer erreichen kann. Die „Lotusblumen" der Brüder Bernard und Francois Bachet im Wasserbecken sind eine Leihgabe der Nationalgalerie. Statt des ehemaligen „Blumenhofs" mit Blumenkübeln aus Beton entstand beim kostspieligen Umbau eine 13 Meter hohe Wasseruhr. Über den Rolltreppen wurden die Decken verspiegelt und mit wirkungsvollen bunten Glaslampen versehen.

193) Stürickow, a.a.O. S. 216 ff.
194) Metzger/Dunker, a.a.O. S.232 f.

Es war eine große Stärke des Europa-Centers, dass es laufend den sich verändernden Ansprüchen angepasst wurde. Die Straße, die das Europa-Center vom Breitscheidplatz trennte, die sogenannte „Schnalle", wurde 1982/83 geschlossen, und so gewann der Breitscheidplatz vor dem Center eine großzügige, fast mediterrane Atmosphäre. Der sogenannte Weltkugelbrunnen des Bildhauers Joachim Schmettau aus rotem Granit ist sein Zentrum. Das die Steinformen nachbildende strömende Wasser bewegt und belebt diese Oase und ist gleichzeitig ein ruhestiftendes Element.

Weltkugelbrunnen von Joachim Schmettau

Am Europa-Center vorbei und durch den Innenraum hindurch gibt es eine Verbindung zwischen Tauentzienstraße und Budapester Straße. Die Straßenräume wachsen für Fußgänger zusammen und werden zur Flaniermeile. Auch deshalb sind das Europa-Center und der Breitscheidplatz ständig Anziehungspunkte für Berliner und Touristen.

Weitere Neubauten am Kurfürstendamm haben aber auch architektonisch gar nicht mehr verschleiert, dass hier ausschließlich der Kommerz ein Gehäuse gesucht und gefunden hatte. Dies galt vor allem für das Ku-Damm-Eck, das 1969 - 1972 an der Ecke zur Joachimstaler Straße gegenüber vom Kranzlereck errichtet wurde. Dieser Bau wurde geplant und gebaut als Shop-in-Shop-Einkaufszentrum mit Freizeit- und Vergnügungeinrichtungen.

Aber dieses Ku-Damm-Eck nutzte die Ecksituation in einer bevorzugten Lage nicht aus, es war nahezu fensterlos und ermöglichte keinen Blick auf eine der belebtesten Kreuzungen Berlins. Von außen sah es aus wie eine Anhäufung aufeinander gestapelter Kartons oder Blechbüchsen. Und im Inneren der durch Rolltreppen miteinander verbundenen Etagen war es zugig, es gab viele tote Winkel und sah bald verwahrlost und vermüllt aus trotz oder wegen Sexshops, Spielhöllen, Souvenirshops und internationaler Fressmeile.[195]

Ku-Damm-Eck

Das Kaufhaus Wertheim in unmittelbarer Nähe am Kurfürstendamm 230-233 wartete mit einem riesigen Betonklotz auf, der erst später durch eine vorgehängte und oben aufgesetzte Glas-Stahl-Fassade verkleidet und abgemildert wurde. Das 1970-1975 erbaute Ku-Damm-Karree Nr. 206-209 war von ähnlicher Machart. [196]

195) Metzger/Dunker, a.a.O. S. 234 f.
196) Regina Stürickow bezeichnet es als „monströse Betonburg"; die „Berliner Morgenpost" bescheinigte dem Ku-Damm-Karree 1982 „versteinerte Eintönigkeit" und charakterisierte es als „kolossales Provisorium".

Es zeichnete sich allerdings aus durch die Integration der beiden Kurfürstendamm-Theater und ermöglichte durch die Eingänge zu den Theatern ein herausragendes und einmaliges Element an der Fassade zur Straße.

Das 1973 fertiggestellte Wohn-und Geschäftshaus am Kurfürstendamm 142-147 zwischen Nestor- und Johann-Georg-Straße wurde ein reiner Zweckbau und trug nicht zur Bereicherung oder architektonischen Akzentsetzung in der Straße bei.

Der Berliner Schriftsteller Horst Krüger beklagt in einem Kapitel seines Buches mit der Überschrift „Die zweite Zerstörung", dass die Banken reichlich Anteil hatten an dieser „Misshandlung der Straße": „Sie knallten ihre Filialen auf die Prachtstraße ohne Rücksicht auf Tradition und gewachsenen Stil. Die Baulöwen folgten.

Es gab immer noch viel alte Bausubstanz hier ... Statt aber behutsam zu renovier klotzte man kahle Neubauten hin ... Die wirkliche Zerstörung des Boulevards verursachte nicht der Krieg, sondern der Wiederaufbau. Die Berliner nannten ihn treffend: Verschlimmbesserung ... man baute zu hastig, zu billig und ganz ohne geschichtlichen Sinn für das Besondere des Orts. Und man hat dies ganz ohne schlechtes Gewissen getan mit verblüffender Brutalität."[197]

Alle Großbauten wurden mehrmals umgebaut. Aber „sie haben ihre Aufgabe ... große Bauformen für verschiedene Zwecke sinnvoll und ästhetisch zu gestalten und zu gliedern, nicht erfüllen und nutzen können."[198]

Der Architekturkritiker Ulrich Conrad äußerte sich ebenfalls skeptisch: „Fragen wir besser, wie die beteiligten Architekten uns das Ganze serviert haben ... was eigentlich die Enttäuschung auslöst ... das Raster ist auch unfähig, Akzente zu setzen, Zugänge attraktiv und Ausgänge wahrnehmbar zu machen." [199]

197) Krüger, a.a.O.
198) Metzger/Dunker, a.a.O. S.237
199) zitiert bei Metzger/Dunker, a.a.O. S. 237

Insgesamt waren sich alle Liebhaber des Kurfürstendamms einig in dem Urteil: „Weniger der hastige Wiederaufbau in den fünfzigern, sondern vielmehr die architektonischen Untaten der siebziger Jahre haben den Boulevard mit einfalls- und anspruchslosen Lösungen verunstaltet."[200]

So wie die Berlin-Förderungsmaßnahmen als ökonomische Antwort auf den Mauerbau erfolgten, so war auch eine noch intensivere Berlin-Werbung seit 1961 die Antwort der Tourismus-Marketing-Strategen auf die veränderte Lage. Die verlorenen Kontakte nach Ost-Berlin und in die DDR sollten nun möglichst durch steigende Westkontakte ersetzt werden.

Als „Frontstadt" mit Mauer und Barrikaden in der Stadt hatte Berlin einen neuen Gruselfaktor bekommen. Hieß es früher „Berlin ist eine Reise wert", so musste nun jeder einmal an der zubetonierten Sektorengrenze gestanden und schussbereite Grenzsoldaten photographiert haben. Und jeder konnte auf diese Weise die Empörung der Westberliner nachvollziehen. Der Tourismus stärkte den Berlinern den Rücken und kultivierte den „kalten Krieg".

Die noch einmal ansteigende Zahl der Berlin-Besucher/innen brachte aber auch wachsende Probleme mit sich. Ein Chronist dieser Zeit spricht von „jenem Berliner Tourismus, der in seiner typisch deutschen Mischung aus Wochenendreise und nationaler Treuebekundung fast etwas Komisches hatte. Westdeutsche Provinz ...zog damit ein auf dem Boulevard ... Die Touristen trabten berlinselig und nachts etwas angetrunken in Herden über den Boulevard. Vom „Weltgeist" war hier nichts mehr zu spüren." [201]

Natürlich hatte dies alles längst in den 50er Jahren begonnen. Aber durch den Mauerbau war die Stadt nun sozusagen enger geworden. Der Kurfürstendamm wurde nun vor allem Touristenatraktion, und dies veränderte auf Dauer noch einmal das Erscheinungsbild des Boulevards.

Bestimmte vom Tourismus lebende Geschäfte und Gewerbe wurden angezogen. Als positiv galten natürlich Straßencafés, Restaurants, Straßenhändler

200) Stürickow, a.a.=. S.219
201) Krüger, a.a.O. S.99

mit Kunsthandwerk und Einzelhandelsgeschäfte für den gehobenen Bedarf. Aber mit den Tourismusströmen drängten nun doch auch immer mehr unerwünschte Geschäfte mit niedrigem Niveau in die Straße - teilweise auch mit einem Niveau unterhalb der Gürtellinie.

Statt exklusiver Restaurants zogen Schnellimbisse und Fast-Food-Ketten ein, Currywurst-Buden und Bierpaläste waren auf den Massengeschmack ausgerichtet, das stille Café musste der lauten Discothek weichen. [202]

202) *Krüger, a.a.O. S. 106*

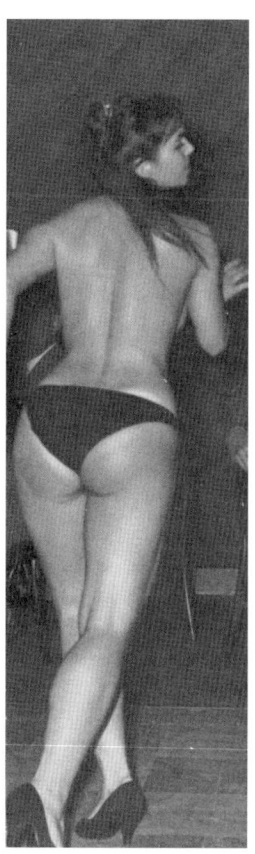

Plastikmüll verdreckte das Straßenbild. Von der verpönten neuen Esskultur stammten dann auch die vielen spöttischen Bezeichnungen für den Kurfürstendamm: Die Renommiermeile wurde „Boulettenboulevard" genannt, „Pizza-Pop-und Porno-Promenade" Man sprach von „Schaschlik-Mentalität" und von „Boulettenburgern" statt „Charlottenburgern".

Aber der Abstieg des Boulevards ging noch weiter. Statt Kunstgewerbe gab es nun das „Gunstgewerbe", Peep-shows und Sex-Shops tauchten immer häufige auf, Sex-Kinos und Pornofilme lockten, und natürlich fanden sich dafür auch genügend Kunden. Leuchtreklamen er-weckten den Eindruck, als käme man in ein Rotlicht-

milieu, man sprach von „St. - Pauliani-sierung", der Kur-fürstendamm verkam zur „Amüsiermeile für Billigtouristen." (Stürickow)

1982 arbeiteten nach Angaben der Polizei rund 2000 Prostituierte am Kur-fürstendamm und dessen Nebenstraßen. In der Nähe gab es Spielhallen und in kleine Einheiten zersplitterte Kinos mit „intimer Atmosphäre". Bei La-denmieten von 120 DM - damals sehr hoch - gab es im Zeitraum von 1970 bis 1980 am Boulevard über 700 Neueröffnungen, Schließungen und Ände-rungen von Firmen. Das ließ sich nach den Gesetzen des Kommerzes kaum verhindern.[203]

Die Schnellrestaurants, Buden und billigen Souvenirshops, dazu Straßen-händler, Pflastermaler und überall Geschäfte mit Erotik und Sex lädierten den Ruf des Boulevards, und es hagelte Kritik in den Medien. Gipfel der

203) Reissig, a.a.O. S.191

Kritik war es, „ =... dass der Kurfürstendamm langweiliger und beliebiger wurde, vulgärer, auch schmutziger, dass er nun auf eine grobschlächtige Weise heruntergekommen ist - es ist nicht mit der geographischen Lage West-Berlins und auch nicht mit der politischen und wirtschaftlichen Situation der Halbstadt zu entschuldigen." [204]

Und Ursula von Kardorff schrieb in einem Aufsatz „Vom Churfürstendamm zum Ku-Damm" für den Du Mont-Reiseführer: „Schauen Sie sich genau das Komglomerat dieser von Architekten entstellten Straße an, ohne Stil und Stolz. Es peept und pornot, showt, hamburgert und cocacolert, dass es den Nostalgiker melancholisch stimmt." Ende der 70er und Anfang der 80er Jahre kam es zu einer Art Krise des Kurfürstendamms. Wegen der Beliebtheit der Straße bei den Touristen stiegen die Mieten ins Uferlose. Die überhöhten Mieten konnten wiederum nur Geschäfte mit Massenumsatz bezahlen, und dies zog einen weiteren Niveauverlust nach sich - eine sich selbst beschleunigende Entwicklung, die bis heute in mancher Hinsicht nicht abgeschlossen ist, auch wenn Sex-und Pornoshops inzwischen vom Kurfürstendamm verbannt wurden.

Die Prachtstraße Kurfürstendamm mit ihren exklusiven Geschäften, Restaurants und Cafés für jeden Geschmack und jeden Geldbeutel war einmal geprägt von einer einzigartigen Mischung aus Wohn- und Geschäftsstraße sowie Vergnügungsmeile. Sie schien nun zu einer beliebigen Großstadtstraße herabzusinken mit austauschbaren Geschäften und einer auf den Massenbe-

204) „Der Spiegel" vom 23.1.1981, S. 14

darf ausgerichteten Allerwelts-Gastronomie. Dies war allerdings eine Entwicklung, die nicht nur den Kurfürstendamm betraf, sondern alle berühmten Boulevards westeuropäischer Metropolen.[205]

Das Gesetz des schnellen Geldes regierte überall, nicht nur auf der Fress-, Sauf-, Sex- und Amüsiermeile. Auch bei der Vermietung der Gebäude an der Straße in den oberen Stockwerken regierten die Gesetze des „Kapitalismus". Immer mehr Banken und Versicherungen verlegten ihre Hauptniederlassungen an den Kurfürstendamm. Sie richteten dort große Büros ein, in ihrem Gefolge kamen auch große Anwaltskanzleien, die die geforderten Mieten anstandslos bezahlen konnten. Dies war wieder ein Beitrag dazu, die „Preise zu verderben", dabei wurden auch immer mehr Privatmieter verdrängt.

Natürlich sah man in all den geschilderten Zuständen auch mit Recht ein Versagen der Behörden, eine fehlende Zielplanung für das kostbare Stück Zentrum in Berlin. Aber in der gleichzeitig eingeschnürten und aufgeheizten Atmosphäre der 60er und vor allem der 70er Jahre schien jene früher berühmte Verantwortung der Bürger für ihre Straße unterzugehen.

Touristen

Das überforderte Biotop Kurfürstendamm wurde gesäumt und gekreuzt von Touristenströmen, die die öffentliche Sensation der Teilung besichtigen und bestaunen aber auch ihre persönliche Sensationsgier bei allen denkbaren

205) Stürickow, a.a.O. S.222

sinnlichen Genüssen befriedigen wollten. Die von Geldgier getriebenen privaten und konzernbeauftragten Hausbesitzer und Hausverwalter kannten nur Gewinnmaximierung und ließen jeden Sinn für Mieter, Anwohner und Besucher des Kurfürstendamms vermissen.

Als sich die Situation in dieser Weise zugespitzt hatte, gab es nun aber „wie in alten Zeiten" Menschen in persönlicher und politischer Verantwortung, die Schritte zur Rettung des Kurfürstendamms unternahmen und alte Berliner Tugenden wieder aufleben ließen.

Versuche zur Rettung des Kurfürstendamms

Schon 1957 gab es die „Arbeitsgemeinschaft Kurfürstendamm", in der sich die Kaufleute der Straße zusammengeschlossen hatten. Sie errichteten von September bis Weihnachten 30 „Lichtbaldachine" über den Bürgersteigen und am Ort des damals noch nicht gebauten Europa-Centers einen Mast, der mit 200 farbigen Neonröhren verkündete: „Berlin soll leuchten".[206]

Wegen der alarmierenden Entwicklung der Straße wurde diese Idee einer Selbsthilfe-Organisation für den Boulevard wieder aufgegriffen. Der Direktor des Hotels Kempinski, Rudolf W.Münster, ergriff die Initiative und gründete mit einigen Geschäftsfreunden Anfang der 70er Jahre die „Arbeitsgemeinschaft Kurfürstendamm" , aus der 1976 die „Arbeitsgemeinschaft City" hervorging als Zusammenschluss der „AG Kurfürstendamm" und der AG Tauentzien".[207]

Hier fanden sich Geschäftsleute zusammen, die nicht nur ans eigene Geschäft dachten, sondern eine Gesamtverantwortung für den Kurfürstendamm übernehmen wollten. Sie waren mit der bisherigen rein kommerziellen Entwicklung des Boulevards nicht einverstanden und machten Vorschläge, wie die bisherige negative Situation der Straße aufgehoben und verändert werden könnte.

206) Reissig, a.a.O. S.190
207) Stürickow, a.a.O. S.223

Sie fanden auch Gehör und wurden in die zukünftige Planung einbezogen. Denn die Bauverwaltung griff die Initiative der Bürger auf, nachdem die negative Wirkung der verschiedenen „Center" und Billigläden am Boulevard allmählich deutlich geworden war. Der Senat für Bau-und Wohnungswesen gab eine „Verordnung über den geschützten Baubereich Kurfürstendamm" heraus, die am 1.7.1977 in Kraft trat. Darin wurde der Kurfürstendamm vom Breitscheidplatz bis zum Adenauerplatz zum geschützten Baubereich erklärt.

Das bedeutete, dass Gebäude und Restaurants in ihrem „ursprünglichen Erscheinungsbild" erhalten werden sollten mit dem zeitlichen Bezugspunkt von 1920. Eine solche Erhaltungssatzung hätte sicher 10 Jahre früher viele „Bausünden" verhindern können. Aber sie stellte immerhin eine Art Umkehr dar gegenüber der Laissez-faire-Politik der vergangenen Jahrzehnte. Und sie löste ein gewisses Aufatmen aus nach dem Motto: besser spät als nie.

Die politisch Verantwortlichen entdeckten nun auch endlich das Thema des notleidenden Boulevards. Im Juni 1980 forderte der Ortsverband Kurfürstendamm der CDU die Schließung alter Baulücken sowie die Verdrängung der „fliegenden Händler" und der Wurstbuden. Im Januar 1982 lud die CDU-Fraktion im Abgeordnetenhaus zu einer Diskussionsveranstaltung über den Boulevard ein.

Der „Tagesspiegel" berichtete unter der Überschrift „Senat will für mehr Niveau am Kurfürstendamm sorgen": "Mit Regelungen des Denkmalschutzes und der Bundesbauordnung sowie mit Satzungen zur Gestaltung des Stadtbildes am Kurfürstendamn will der Senat dafür sorgen, dass die Straße den Charakter eines „Weltstadtboulevards" behält, mehr Niveau bekommt und für Diskotheken, Basare, Pornokinos, Peepshows und Imbissläden uninteressant wird. Das kündige der Senator für Stadtentwicklung und Umweltschutz, Hassemer, gestern auf einer Diskussionsveranstaltung an."[208]

Im März 1982 brachte die Fraktion der CDU im Abgeordnetenhaus eine "Große Anfrage" ein über die Erhaltung des Kurfürstendamms als Boulevard. Verantwortlich für die Fehlentwicklung seien vor allem: eine klotzige

208) „Der Tagesspiegel" vom 16.1.1982

Betonarchitektur, zwielichtige Vergnügungsstätten, billige Schnellimbisse, die Verdrängung von Klein- und Mittelbetrieben sowie Einzelläden und Boutiquen.

Hardenbergleuchte

Der Senator für Wirtschaft und Verkehr, Elmar Pieroth, beantwortete die Anfrage seiner Partei mit konstruktiven Vorschlägen für kurzfristige, mittelfristige und langfristige Maßnahmen zur „Rettung des Boulevards": Schnell in Angriff genommen werden sollte die Planzung von Straßenbäumen, eine verbesserte Straßenreinigung, eine repräsentative Begrünung auf dem Mittelstreifen und das Aufstellen neuer Straßenlaternen. Die historisierende „Hardenbergleuchte" wurde als neue „City-Leuchte" an die Stelle der unansehnlich gewordenen Peitschenleuchten aufgestellt. Und die Aktion „Farbe ins Stadtbild" brachte viele Hausbesitzer dazu, die Fassaden alter Jugendstilbauten zu renovieren und neu zu streichen.

Die CDU unterstrich ihr weiteres Engagement für den Kurfürstendamm, indem sie ihren Wirtschafssenator zum City-Beauftragten ernannte. Er koordinierte die Arbeit aller Gremien, u.a. die City-Kommission der Bezirke Charlottenburg, Schöneberg und Wilmersdorf und die AG City. Es gab Übereinstimmung darüber, dass es neue Akzente bei der Berlinwerbung geben sollte, eine stärkere Betonung und Unterstützung des hochwertigen Tourismus mit internationalen Städtereisen, mehr Qualität statt Quantität.[209]

Das Stadtmagazin „Tip" widmete dem Boulevard 1984 eine positive Titelgeschichte. Dies wurde begründet mit einem Stimmungsumschwung aufgrund eines gewandelten gesellschaftlichen Klimas: „Dass der Glanzboulevard heute wiederaufersteht, hat auch damit zu tun, dass sich Arm und Reich wieder stärker auseinanderdividieren. Die Klassengesellschaft präsentiert sich mit einem unverblümt guten Gewissen."[210]

209) Metzger/Dunker, a.a.O. S.254f.
210) Tip 16/1984; Metzger/Dunker, a.a.O. S.250 ff.

Seit Mitte der 80er Jahre ging es wieder aufwärts. Fassaden wurden renoviert, der abgeschlagene Stuck liebevoll restauriert. Eine Bank am Kurfürstendamm/Ecke Johann-Sigismund-Straße restaurierte einen alten Gründerzeitbau, und eine Versicherungsgesellschaft rekonstruierte einen repräsentativen Eckbau an der Ecke zur Leibnizstraße.

Fassade am Kurfürstendamm

Im Vorfeld der 750-Jahr-Feier Berlins initiierte der Kultursenator einen „Skulpturenboulevard". Acht in Berlin lebende Künstler wurden aufgefordert, für Plätze am Kurfürstendamm eine Großplastik zu schaffen. Vor allem die Skulptur am Joachimstaler Platz als Anhäufung von übereinandergestapelten polizeilichen Absperrgittern rief Proteste in der Bevölkerung hervor. Und die „Autoskulptur" am Rathenauplatz mit zwei "Beton-Cadillacs" von Wolf Vostell rief einen größeren Volkszorn hervor.

Daraus entstand die Aktion einer Stammtischrunde, empörte Bürger ließen neben den Cadillacs eine Trabbi-Pyramide aufstellen. Aus einer Betonpyramide ragten Kühler und Heck eines Trabbis, in dem zwei lebensgroße Puppen von Ronald Reagan und Nikolai Gorbatschow saßen.[211]

211) Namen und Titel aller Skulpturen bei Metzger/Dunker, a.a.O. S. 259 und Stürickow, a.a.O. S. 227

Der Boulevard erlebte in dieser Zeit auch eine Aufwertung durch den originalgetreuen Wiederaufbau des Mendelsohnbaus am Lehniner Platz.

Die Schaubühne hatte dies zur Bedingung gemacht für ihren Umzug vom Halleschen Ufer zum Kurfürstendamm mit ihrem bekannten Regisseur Peter Stein. Damit wurde an diesem Ort ein Szene-Treffpunkt jugendlicher Motorradfahrer verdrängt aber auch eine Drogenszene, in der offen gedealt wurde. Damit war nun der Kurfürstendamm bis auf die Gegend um die Gedächtniskirche „clean".[212]

Es wurde häufig betont, dass der Kurfürstendamm nach dem Mauerbau als eine Art öffentliche politische Bühne eine neue Funktion bekam: „Durch die Teilung wurde der Kurfürstendamm jetzt die Mitte ... er wurde zum Zentrum der eingemauerten Inselstadt und auf eine unentrinnbare Weise politisch ... Der Boulevard hatte seine Unschuld verloren."[213]. Auch andere Autoren vertraten diese Auffassung.[214]

In der Tat gab es seit den 60er Jahren unzählige Demonstrationen am Kurfürstendamm, aber mit dem Mauerbau von 1961 hatte dies wohl nicht unmittelbar zu tun. Denn Westberlin war ja auch vor dem Mauerbau schon eine „Insel". Und Demonstrationen hatte es im Ostteil der Stadt nie gegeben - nur

212) vgl. Metzger/Dunker, a.a.O. S. 255f.; Stürickow, a.a,O. S.226 f.
213) Krüger, a.a.O. S. 97
214) Reissig, a.a.O. S.193; Metzger/Dunker, a.a.O. S. 239 ff.

einmal mit schlimmen Folgen am 17. Juni 1953. Und politische Repräsentanz gab es im Osten ohnehin nur in Form von sozialistisch staatstragenden Aufmärschen.

Direkt nach dem Mauerbau war die amerikanische Militärparade auf dem Kurfürstendamm vom 20.8.1961 nur eine Art öffentliches Säbelrasseln der USA gegenüber der Sowjetunion mit dem ganz klaren Signal: bis hierher und nicht weiter. Dies sollte auch den Berlinern signalisieren: wir stehen hinter euch und bleiben „Schutzmacht" - eine Art „Demonstration von oben".

Die wirkliche Politisierung fand erst Mitte der 60er Jahre statt, als die sogenannte „Studentenrevolution" Tausende von Demonstranten in Bewegung setzte, die dann auch den Kurfürstendamm für sich entdeckten. Im Dezember 1966 versuchte Heinrich Albertz dann als Innensenator und ab 14.12.1966 als Regierender Bürgermeister Demonstrationen am Kurfürstendamm zu verbieten und nur noch in Nebenstraßen zu genehmigen.

Vermutlich hat erst dieses Demonstrationsverbot die oppositionellen Studenten in großem Stil zum Kurfürstendamm geführt. Es kam hinzu, dass der SDS (= Sozialistischer Deutscher Studentenbund) am Kurfürstendamm 140 ein Büro angemietet hatte und seine unmittelbare Umgebung in ein Protestumfeld verwandeln wollte.

Studentendemonstration

Als beim Besuch des persischen Schahs am 2.6.1967 eine große Protestde-monstration sich vor der Deutschen Oper versammelt hatte und ein Polizei-beamter in einer von ihm so empfundenen Notwehrsitutation den Studenten Benno Ohnesorg erschoss, war die Empörung der Demonstrationsteilnehmer groß, und die Emotionen schienen kaum noch beherrschbar. Aber schon vor dieser verhängnisvollen Erschießung hatte es gewalttäge Auseinanderset-zungen mit der Polizei gegeben, hatten Demonstranten auf die Polizei einge-prügelt. Als in dieser Situation ein zehntägiges Demonstrationsverbot erlassen wurde, war dies von der aufgeheizten Situation her durchaus verständlich.

Für die Studenten und ihre Sympathisanten unter Dozenten, Professoren und SPD-Politikern war dieses Demontrationsverbot nun keineswegs ein Grund für Zurückhaltung oder Resignation. Vielmehr gab es von da an nahezu zwangsläufig bei allen generellen und aktuellen Verboten „wilde" Demons-trationen, die meist von der Polizei mit Wasserwerfern und Tränengas beant-wortet wurden.

Der Protest der Studenten war ein Umbruch im politischen Bewusstsein der Zeit. Sie opponierten gegen die unter den Teppich gekehrte Nazi-Vergan-genheit in der Bundesrepublik, gegen „Unter den Talaren, Muff von 1000 Jahren", gegen den Vietnamkrieg der USA und damit erstmals in Berlin ge-gen den „Imperialismus"der Weltmacht USA. Der Kurfürstendamm war da-für das ideale Protestareal, weil hier ja die amerikanische Truppenparade am 20.August 1961 stattgefunden hatte.

Dies ging nun wieder der offiziellen Berliner Politik und den Berlinern zu weit. Als nach dem Abschluss des „Internationalen Vietnam Kongresses" am 18.2.1968 1200 Demonstranten vom Café Kranzler über den Kurfürstendamm zogen, mobilisierten der Berliner Senat und der DGB 80000 Berliner/innen zu einer Gegendemonstration gegen die „linken" Studenten vor dem Schöneberger Rathaus.

Und als vom 15. -17. Mai 1971 die „Schwarzen Zellen" aus Protest gegen die Verhaftung Horst Mahlers (damals noch RAF-Anwalt) am Kurfürstendamm Schaufensterscheiben einschlugen, veranstalteten Berliner Taxifahrer einen Taxi-Konvoi über den Kurfürstendamm, um die Ausschreitungen zu verurteilen.

Am 11.4.1968 wurde auf Rudi Dutschke vor dem SDS-Büro am Kurfürstendamm 140 ein Attentat verübt, bei dem er angeschossen und schwer verletzt wurde. Auf dieses Attentat folgten Demonstrationen mit Straßenschlachten, Verkehrsblockaden und harten Polizeieinsätzen bis zum 15.4.1968. Man lastete das Attentat den „systematischen Hetzkampagnen" des Berliner Senats und der „Springerpresse" an.

Rudi Dutschke (3. von links)

Im Verlauf der Ostertage kam es zu massenhaften Versuchen, die Auslieferung der Springer-Zeitungen zu verhindern. Es kam in ganz Deutschland zu den schwersten Straßenschlachten seit der Weimarer Republik. In München kamen zwei Menschen ums Leben, 400 Menschen in ganz Deutschland wurden zum Teil schwer verletzt.

Die akute Erregung nahm im Lauf der nächsten Monate ab, die Studentenbewegung hatte ihren führenden Kopf verloren, und 1970 löste sich der SDS in Berlin sogar auf. Die Demonstrationen am Kurfürstendamm aber wurden fortgesetzt, zum Teil sogar mit einander entgegengesetzten Zielen. Es wurde demonstriert gegen die Besetzung der Tschechoslowakei am 21.8.1968, gegen den internationalen faschistischen Terror am 15.11.1968. Auch die amerikanischen Astronauten Armstrong, Collins und Aldrin fuhren im offenen Auto über den Kurfürstendamm, ließen sich von den Westberlinern bejubeln und demonstrierten westliche Überlegenheit gegenüber der Sowjetunion.

1980/81 bestimmten die Hausbesetzer die Themen der Demonstrationen auf dem Kurfürstendamm. Sie machten aufmerksam auf Missstände in der Berliner Bau-und Wohnungswirtschaft und hinterließen auf dem Kurfürstendamm Spuren der Zerstörung. 1981/82 dominierte die Friedensbewegung bei den Demonstrationen auf dem Boulevard.

1983 wurde ein Aktivist der Friedensbewegung bei einem Bombenattentat auf das Maison de France getötet, als er eine Petition gegen die französischen Atombombenversuche übergeben wollte, 1985 gab es eine Demonstration auf dem Kurfürstendamm gegen den Besuch des amerikanischen Außenministers Shultz und 1986 eine Trauerkundgebung nach dem Tod des schwedischen Ministerpräsidenten Olof Palme. [215] Nach der Öffnung der Mauer 1989 sollten dann andere Menschenmassen den Kurfürstendamm überfluten.

---

215) Metzger/Dunker, a.a.O. S. 240 f.

VIII. Der Kurfürstendamm in der Gegenwart - Probleme, Aufgaben, Hoffnungen (1989 - 2007)

Als in der Nacht vom 9. zum 10. November 1989 die Mauer in Berlin geöffnet wurde, strömten durch alle Übergänge Zehntausende und insgesamt Hunderttausende aus Ostberlin in den Westen. Es erschien vielen wie ein Wunder, dass diese in der Mitte durchtrennte und abgeschnürte Stadt jetzt wieder „durchblutet" wurde.

An der Bornholmer Brücke im Nordberliner Wedding zum Beispiel schoben sich Menschenmassen auf 12 Meter Breite dichtgedrängt von Ost nach West, ekstatisch bewegt, lachend, weinend mit dem Ruf „Wahnsinn!" Fremde lagen sich in den Armen, auf der westlichen Brückenseite warteten West-Berliner und umarmten erwartete und unbekannte Ankömmlinge - alle nur von dem Gefühl erfüllt: wir sind wieder vereint.

Eine riesige Kolonne von Trabbis hupte sich von dort in den südlichen Westen, sie hatten alle nur ein Ziel: den Kurfürstendamm. Von den sozialistischen Medien war er jahrzehntelang verteufelt worden als ausbeuterische Luxusmeile und kapitalistisches Schreckgespenst. Aber

in dieser ersten Nacht war er die bevorzugte Anlaufstelle, denn er war wie immer „durchgehend geöffnet".

Unzählige Ost-Berliner wurden in diesen Tagen des Wiedersehens zum Bier, zu Kaffee und Kuchen oder zu kleinen Einkäufen eingeladen. Fast jede zweite West-Berliner Familie hatte Besuch aus dem „Osten". Die politisch noch nicht geklärte deutsche Einheit wurde menschlich schon einmal vollzogen und überschwänglich gefeiert.

Der Kurfürstendamm war eine einzige Festmeile: es wurden Sylvesterböller abgeschossen, Autos hupten unaufhörlich, Restaurants luden Ostberliner ein, Autofahrer nahmen von überall her Menschen aus der bisher verschlossenen Stadthälfte mit an den Boulevard. Am 10. November wurde an der

Joachimstaler Straße ein Trabbi von der Menge begeistert in die Luft gestemmt. Und als ein Doppeldeckerbus der BVG mit dem bekannten weißen Schriftzug auf blauem Grund „Gorbatschow" eine Kreuzung passierte, brach die Menge in Beifallsrufe aus, auch wenn dieser Bus nicht für den sowjetischen Staatschef warb sondern für eine Wodka-Sorte.

Selbst am Sonntag durften die Geschäfte öffnen, der Kurfürstendamm wurde für den Autoverkehr gesperrt und damit zu einer riesigen völlig überfüllten Fußgängerzone. Es war kein Zufall, dass die Menschen aus dem Ostteil der Stadt sofort zum Kurfürstendamm drängten. Ein Film der 80er Jahre mit dem Titel „Einmal Kudamm und zurück" erzählte die Geschichte einer jungen Frau aus Ostberlin, deren größter Wunsch es war, einmal über den Kurfürstendamm zu flanieren. Sie wurde von einem westlichen Diplomaten im Kofferraum seines Wagens nach West-Berlin geschmuggelt. „Einmal Ku-damm und zurück" - davon hatten bis dahin Millionen DDR-Bürger nur träumen können. Für die Menschen in Ostberlin war der Kurfürstendamm Symbol für westlichen Wohlstand und westliche Lebensart, die sie bisher nur aus dem Westfernsehen kannten.[216]

Natürlich gab es nun beim Schaufensterbummel am Kurfürstendamm die große Ernüchterung. Denn der Boulevard hatte sich ja in den letzten Jahren vor dem Mauerfall gerade von den Billiganbietern und dem damit verbundenen Schmuddel-Image erfolgreich verabschiedet und wieder hochwertige Geschäfte angezogen, den ramponierten Ruf repariert.

Die Ostbesucher aber hatten außer ihrem Begrüßungsgeld von 100 DM pro Person natürlich kein Geld für teure Angebote - noch war ja die Währungsumstellung im östlichen Deutschland nicht vollzogen. Sie fühlten sich nach wie vor magisch zum Kurfürstendamm hingezogen ohne die Möglichkeit zum Einkaufen. So drängten nun wieder Billiganbieter auf den Boulevard. Und dies führte dazu, dass die Mieten explodierten, es herrschte Goldgräberstimmung auf dem Kurfürstendamm.

Man machte auch durchaus angesichts der besonderen Situation „Sonderangebote" am Tauentzien und in den Bekleidungshäusern des Kurfüstendamms, im Januar 1990 auch noch einmal im „Winterschlussverkauf", der sehr viel Zulauf aus dem Osten hatte. Aber insgesamt wurde der Boulevard natürlich nicht die Einkaufsstraße für Ost-Berliner. Diese wandten sich nach der ersten Euphorie und Neugier anderen Straßen und Stadtteilen und deren Kaufhäusern und Billigketten zu. Am Kurfürstendamm verkehrten wie früher nur West-Berliner und Touristen.

Dafür strömte nun aber eine Welle der Kriminalität auf den Kurfürstendamm zu: illegale Straßenhändler, Ladendiebe, aggressive Bettler und Straßenräuber aus Osteuropa. Vor allem die sogenannten Hütchenspieler aus dem ehemaligen Jugoslawien breiteten sich auf dem Kurfürstendamm aus, um Berliner und Touristen „abzuzocken". Der Boulevard fiel auf einen Tiefpunkt zurück, den er seit den 70er Jahren schon überwunden zu haben glaubte.

216) Stürickow, a.a.O. S.229 ff.

Da die Polizei mit den Problemen des Kurfürstendamms überfordert war und auch Sonderstreifen - teilweise in Zivil - keinen Erfolg hatten, griff die AG City zur Selbsthilfe und richtete einen privaten Wachdienst ein nach dem Vorbild der „schwarzen Sheriffs" in München. Seit dem 15. Juni 1993 zogen trotz starker Proteste der Gewerkschaft der Polizei die Wachmänner der AG City mit weinroten Baretts und Krawatten zu schwarzen Hosen und Jacken und weißen Hemden über den Kurfürstendamm. Selbstbewusstes Bürgerengagement schaffte es in der Tat, den Kurfürstendamm wieder einigermaßen sicher zu machen.

Im übrigen verlief die Entwicklung auf dem Kurfürstendamm in den Jahren nach der Wende in zwei unterschiedliche Richtungen. Renommierte Geschäfte verließen den Kurfürstendamm, weil sie wieder seinen Niedergang befürchteten. Andere aber - und vor allem internationale Luxuskonzerne - zogen mit ihren Boutiquen an den Boulevard, weil man damals ein großes Bevölkerungswachstum vorhersagte (bis auf fünf oder sogar 8 Millionen!) mit einem entsprechenden Wirtschaftswachstum. Dabei wollte die internationale Schickeria nicht den Anschluss verpassen.

Sehr bald merkte man aber, dass dies eine Fehleinschätzung war. Besonders bedauerlich war es, dass wegen solcher Fehlprognosen aus dem einstmals „größten Kaffeehaus Europas" viele bekannte Cafés wegen auslaufender Mietverträge und unbezahlbarer Mietsteigerungen regelrecht vertrieben wurden, zum Beispiel das Cafe Möhring am Kurfürstendamm 234 im Sommer 1993.

Oft hat man in solchen sich noch öfter wiederholenden Situationen auf die Gesetze der Marktwirtschaft verwiesen, die die Politik nicht beeinflussen könne. Aber Regina Stürickow hat mit Recht darauf hingewiesen, dass andere Metropolen die Ausbreitung der Konzerne an besonders schützenswerten Orten durchaus verhindern konnten. So sollte zum Beispiel ein Nobelrestaurant in Paris von einer japanischen Imbisskette aufgekauft werden. Doch die Stadt stellte das Restaurant mit so hohen Auflagen unter Denkmalschutz, dass die Japaner sich schließlich zurückzogen und das alte Restaurant erhalten blieb.

Auch im Fall des Café Möhring wäre eine solche Politik erforderlich gewesen. Sie hätte dann vielleicht auch verhindern können, dass beim Umbau und Neubau des „Kranzlerecks" zwar eine neue Stadtlandschaft entstand, das Café aber mit seiner langen Tradition völlig seinen Charakter als Straßencafé verlor und nur wie ein Sahnehäubchen oben auf einen Geschäftsbau aufgesetzt wurde und noch dazu mit einem schlecht auffindbaren Zugang.

In der ersten Hälfte der 90er Jahre waren Renditedenken und Wachstumseuphorie fast abgekoppelt von jeder Gesamtverantwortung für das Erscheinungsbild des Boulevards. Im Zuge dieser Entwicklung des Kurfürstendamms zu einer Straße der Konzerne und Ketten blieben zahlreiche Geschäfts, Restaurants und Cafés auf der Strecke.

Restaurierte Fassaden und anspruchsvolle Neubauten

Aber wie schon so oft am Kurfürstendamm gab es nach einer gewissen „Verödungsphase" auch eine „Wiederbelebungsphase" am Boulevard. Vor allem war nach den ernüchternden Erfahrungen der „Betonarchitektur" inzwischen ein historisches Bewusstsein erwacht, das die baulichen Traditionen des Kurfürstendamms schützen und erhalten wollte. Man hatte erkannt, dass eine Kahlschlagsanierung mit gesichtslosen Neubauten nicht mehr in eine sensibler gewordene Epoche passte.

Das beste Beispiel dafür bot das Haus Kurfürstendamm 184/Ecke Wielandstraße. Im Dezember 1993 war das 1903 errichtete und 1989 aufwändig restaurierte Gebäude durch einen Großbrand völlig zerstört worden. [217]

Der Eigentümer wollte die Ruine abreißen und ein modernes Geschäftshaus errichten. Die zuständigen Behörden bestanden aber darauf, dass die historische Fassade erhalten werden musste. Sie wurde mit einem Stahlgerüst abgestützt,und es entstand ein im Inneren modernisiertes Gebäude mit Boutiquen, Büros und Anwaltskanzleien. Der Wiederaufbau soll 40 Millionen gekostet haben.

217) Da sich in diesen Haus u.a. eine Pension befand, kamen bei dem Brand sieben Menschen ums Leben, vgl. Stürickow, a.a.O. S.233

Seither sind auch noch zahlreiche andere Fassaden restauriert worden, so dass sich am Kurfürstendamm wieder eine Art historisches Fundament erkennen lässt. Gerade große Banken und Versicherungen haben hier ihrem Ruf und der Straße einen guten Dienst erwiesen mit der Restaurierung markanter Eckbauten. Dazu gehören die schon erwähnte Ecke Kurfürstendamm/Johann-Sigismund-Straße mit der Berliner Volksbank, die Berliner Bank an der Ecke zur Giesebrechtstraße, die Commerzbank/Iduna-Versicherung an der Ecke Leibnizstraße und die „Gothaer" Versicherung an der Ecke Wielandstraße.

Diese Eigentümer wie auch die an der Ecke zur Schlüterstraße, zur Uhlandstraße auf der gegenüberliegenden Seite und an anderen Eingängen zu Nebenstraßen haben zum Teil viel Wert gelegt auf detailgetreue Wiederherstellung historischer Fassaden, eine attraktive Farbgebung sowie teilweise den Aufbau von historischen Türmchen.

Fassade Kurfürstendamm /Uhlandstraße

Im Erscheinungsbild der Straße üben diese Bauten große Anziehungskraft aus. Für die Investoren ist trotz der hohen Kosten der Gewinn messbar. Denn das reine Renditedenken ohne Rücksicht auf das Gebäude an einem bestimmten Standort schafft kein positives Image. Ein attraktives Gebäude und ein erkennbares Engagement des Eigentümers bei der Wiederherstellung/Erstellung eines interessanten Gebäudes trägt zum Namen und zum positiven Ruf eines Unternehmens bei. Wenn man sich gern in einem Gebäude aufhält, wenn auch die Inneneinrichtung des Raumes stilecht und hochwertig ist, kann auch und gerade eine Bank oder Versicherung davon profitieren, dass sie etwas für ihr Umfeld tut.

Vor allem aber haben die seit 1990 entstandenen Neubauten eine deutlich höhere Qualität als die der 70er und 80er Jahre, sie wurden von führenden Architekturbüros geplant und gebaut. Nachdem das Ku-Damm-Eck immer mehr negative Schlagzeilen hervorgerufen hatte, wurde es Ende der 90er Jahre schließlich abgerissen und durch einen Neubau ersetzt, der im Jahr 2000 eingeweiht wurde. Die Investorengruppe beauftragte das Architekturbüro Gerkan, Marg & Partner mit dem Bau dieses herausragenden Eckgebäudes am Kurfürstendamm 227/228.

Neues „Ku-Damm-Eck" Nr. 227/228

Der Preis des Grundstücks in dieser zentralen 1a-plus-Lage brachte es mit sich, dass nicht nur die Höhe sondern auch der umbaute Raum eine Art „Koloss"-Charakter erhielt. Wenn eine Immobilie „sich nicht rechnet", wird sie eben nicht gebaut, und es findet sich kein Investor. Mit zwei großen Konzernen wie C & A und „Swissotel" stand die Rentabilität von vornherein fest, und der Raumbedarf dieser Unternehmen bestimmte den Umfang der gebauten Flächen. Die Baubehörde war vermutlich froh, das alte Ku-Damm-Eck endlich loszuwerden und genehmigte mehr, als sonst üblich gewesen wäre.

Allerdings ist das neue Gebäude ein erheblicher Fortschritt gegenüber dem vorherigen Zustand. Obwohl das Haus einen riesigen Baukörper hat, verfügt es doch durch die Längsrippen und das leicht wirkende Baumaterial auch über gewisse filigrane Elemente und war wohl zu diesen Bedingungen an diesem Ort die bestmögliche Lösung.

Die Firma C & A hat hier ein „Flaggschiff" errichtet an einer Stelle, an der Kundenströme garantiert sind. Die Schaufensterfronten und die unteren Stockwerke des Gebäudes stellen das Warenangebot in einladender Form aus. Die große Fenster schaffen auf allen Etagen eine helle, besichtigungsfreundliche Atmosphäre und bewegungsfreundliche Räume.

In den sieben oberen Stockwerken des Hauses residiert das Swissotel, das an einer zentralen Stelle der westlichen City ein Hotel der Luxusklasse errichtet hat, das vor allem für Geschäftsreisende attraktiv ist. Es gibt 316 elegant eingerichtete Zimmer und Suiten. Im 9. Stock stehen „Business-executiv-Zimmer" mit besonderen Leistungen zur Verfügung.

Ebenfalls im Jahr 2000 wurde am 27.12.2000 das „Neue Kranzler-Eck" eingeweiht auf dem ehemaligen Gelände der Viktoria-Versicherung. An der belebten Kreuzung Kurfürstendamm/Joachimstaler Straße wurde an der berühmten historischen Ecke die alte Höhe eingehalten beim „Umbau" des Café Kranzler.

Neues Kranzler-Eck Nr. 18-21

In zwei Stockwerke zog ein Bekleidungshaus mit großen Fensterfronten ein. Das Café Kranzler mit der klassischen Rotunde durfte zwar nicht abgerissen werden. Es wirkt aber - reduziert auf den dritten Stock - bestenfalls wie eine Verzierung auf den dominierenden Untergeschossen und ist nicht mehr das einladende Straßencafé auf „Flanierniveau".

Der riesige gläserne Querriegel des Architekten Helmut Jahn vom Kurfürstendamm zur Kantstraße hat eine Nutzfläche von 72000 qm und umfasst neben 37000 qm Ladenflächen und 23000 qm Büroflächen auch ein Hotel. Im Jahr 2007 waren 86 % der Flächen vermietet, und dies beweist durchaus die Attraktivität des Standortes.

Das Gebäude durchbricht zwar an dieser Stelle die Straßenfassade des Kurfürstendamms und die Konzentration auf den traditionellen Straßenverlauf. Aber durch die gläserne und direkt am Boulevard durchsichtige zweckfreispielerische Spitze wird hier ein interessanter Akzent gesetzt. Das Gebäude mit der Hausnummer Kurfürstendamm 21 öffnet sich nämlich vom Kurfürstendamm her durch eine breite Ladenstraße zu zwei miteinander verbundenen Innenhöfen oder „Innenstraßen" mit einem vielfältigen Angebot.

Ein Berlinshop bietet Reiseandenken aller Art an, es gibt eine Wiener Feinbäckerei, einen Berlin infostore, einen Blumenladen, ein print-Geschäft, dazu eine „Trattoria" für die Liebhaber italienischer Küche. Auf der gegenüberliegenden Seite sind größere Einheiten vermietet im „Lindner-Hotel-Kurfürstendamm" und in einem „innovativen Einrichtungshaus".

Einladend sind die in diesem Straßenraum aufgestellten Sitzquader aus schwarzglänzendem hochwertigem Stein. In den Glasfassaden der rechten Seite spiegeln sich die Türme vom „Theater des Westens" aus der Kantstraße - ein optischer Eindruck, der vor allem in der Abendsonne den Straßenraum vergrößert und erleuchtet, als sei er angestrahlt.

Dazwischen liegt die großzügig gestaltete Eingangshalle zu den Büroetagen. Im 9. Stockwerk der Nr. Kurfürstendamm 21 ist die Redaktion der B.Z. eingezogen und hat am 22. März 2007 mit 300 geladenen Gästen die offizielle Einweihung der Hauptredaktion gefeiert. An diesem Standort fanden die 150

Mitarbeiter/innen eine andere Art von Redaktionsräumen vor, als sie es vom Springerhaus her gewohnt waren. Der stellvertretende Chefredakteur Peter Huth leitet seit 2 1/2 Jahren mit Chefredakteur Walter Mayer die B.Z. und sagte: "Wir haben hier erstklassige Räume an einem tollen Standort in einer 1a-Lage. Die Mitarbeiter waren von Anfang an in den Planungsprozess eingebunden. Das Ergebnis: mit Abstand die modernste Redaktion, in der wir je gearbeitet haben," so Peter Huth. Die Büros und Redaktionsräume sind sehr offen gehalten und laufen durch den sich verjüngenden Schnitt des Gebäudes zum Kudamm spitz zu. In dieser Spitze als Kulminationspunkt laufen alle Informationen in einem „Newsroom" zusammen. Von dort aus hat man einen unverbauten Blick auf ganz Berlin mit Reichstag, Schöneberger Rathaus, Funkturm und Fernsehturm, Teufelsberg und Kanzleramt.

Ladenstraße im Neuen Kranzler-Eck

Dazu Verlagsgeschäftsführer Wolfgang Saurin: „Mit dem Gang an den Kudamm arbeiten wir jetzt mitten im Zentrum der Stadt, aber ohne den Osten aus dem Blick zu verlieren." Sicher kann es auch als Zeichen gelten, dass sich die größte Zeitung Berlins direkt im Zentrum der westlichen City am Kurfürstendamm niedergelassen hat. Ging doch in den Jahren nach der Wende der Trend der Zeit oft in die umgekehrte Richtung.

In der Mitte dieser großzügig angelegten Verbindung des Kurfürstendamms mit der Kantstraße verzweigt sich die Ladenstraße nach rechts und links und führt nach rechts in einen begrünten Innenhof, der wie eine Oase der Natur zwischen den Großbauten liegt. Eine größere und eine kleinere Glaspyramide greifen das Bauelement der Fassaden auf, aber sie stehen zweckfrei zwischen Büschen und Rasenflächen und neben großen Vogelvolieren mit exotischen Vögeln, die vielfarbig dort zu sehen und zu hören sind.

Innenhof Kranzler-Eck mit Volieren

Neben Coffeeshop und „Bambissimo" gibt es in diesem Innenhof auch eine Postfiliale, Friseur, Apotheke, einen Zugang zum Café Kranzler und auf dem Platz Stühle und Tische vom Café Carras, das auch vorn auf dem Kurfürstendamm Gäste zum Sitzen auf dem Boulevard einlädt; das ganze Café führt vom Kurfürstendamm in den reizvollen Innenhof.

Der kommunikative Charakter dieser Innenhof-Situation mit einem gewissen Erholungs-und Unterhaltungsfaktor bietet sich natürlich auch an für themenorientierte Ereignisse wie zum Beispiel eine „Indische Nacht" am 24.4.2007, „Bambissimo" vom 19.5. - 10.6.2007 mit einem internationalen Kindertag mit großem Familienfest oder „Come Dancing" am 23.6.2007.

Hier sind also neue Erlebnisinseln neben dem Kurfürstendamm entstanden, die sich mit seiner Hausnummer und seinem traditionellen Namen schmücken und eine Art „Nebenwelt" eröffnen mit neuen Schwerpunkten. Sie führt zwar weg vom Boulevard und stellt eine Art „Ausbuchtung" dar. Aber sie gehört doch auch wieder auf neue Weise zu den Plätzen, die an vielen Stellen den Kurfürstendamm erweitern und bereichern und zum Charakter seiner Offenheit beitragen.

An der repräsentativen Ecke, wo Uhlandstraße und Grolmannstraße im spitzen Winkel in den Kurfürstendamm einmünden, ist in der Nr. 31 die neue BMW-Niederlassung entstanden, die durch eine stark gerundete Glasfassade eine originelle architektonische Lösung darstellt.

BMW-Niederlassung Kurfürstendamm 131

Dieses Gebäude öffnet sich zur Straße hin, erweitert aber auch den Straßenraum durch die Spiegelwirkung der Glasrundung, die abends in dämmrigem Blau etwas Geheimnisvolles erhält. Die Bäume vor dem Haus erwecken den Eindruck eines kleinen Platzes.

Ebenfalls mit einer Innenhof-Situation sind nah am Kurfürstendamm als Querverbindung von der Leibnizstraße zur Wielandstraße in der Leibnizstraße 49-53/Wielandstraße 19-22 1999 die „Leibniz-Kolonnaden" des Architekturbüros Kollhoff-Timmermann eröffnet worden mit der Adresse Walter-Benjamin-Platz. Arkadengänge mit Säulen vor den Ladengeschäften und ein Springbrunnen auf dem Platz rufen mediterrane Assoziationen hervor, die Ladeninhaber hätten wahrscheinlich lieber mehr Licht, die Fluktuation bei den Geschäftsinhabern war anfangs ziemlich hoch.

Eine schmale Baulücke Kurfürstendamm 70 am Adenauerplatz stand lange Zeit unbebaut wie eine hässliche Zahnlücke, weil sich von der Fläche her hier kaum eine verwertbare Immobilie errichten ließ. Aber mit einer Sondergenehmigung für eine größere Höhe ist hier dann doch vom Architekturbüro Murphy/Jahn 1994 das „schmalste Haus Berlins" entstanden - an einer zentralen Stelle und mit einem markanten schlanken Turm. Dieses Büro- und Geschäftshaus hat durchaus seine Nutzer und seine Liebhaber gefunden und stellt ein modernes architektonisches Kleinod dar.

Kurfürstendamm 70

Auch am obersten Ende des Kurfürstendamms in Halensee sind schließlich Neubauten mit einer hochwertigen Architektur entstanden. Von der Ecke Kurfürstendamm/Bornimer Straße zieht sich ein Büro-und Geschäftshaus in einer weiten Rundung in den größten Teil der Bornimer Straße hinein, im Volksmund „die Schlange" genannt. Abends hat es noch einmal ein anderes Gesicht als am Tage mit seinen hellblau leuchtenden Glasfassaden. Dann nämlich in der Dunkelheit zeichnen Leuchtstäbe aus Neonlicht die senkrechten Konturen nach und beleben diese abends ruhigere Gegend.

Auf der gegenüberliegenden Seite des Kurfürstendamms am Rathenauplatz ist in der Nr. 125 a ein hohes Büro-und Geschäftshaus entstanden, das durch einen beschwingten Glasflügel auf dem Dach zum Blickfang wird und trotz seiner Höhe den Eindruck von Leichtigkeit erweckt. In der Nr. 126 nebenan ist ebenfalls ein gläsernes Hochhaus entstanden mit einer Ladenzeile zum Kurfürstendamm hin und in den Obergeschossen dem Seniorenzentrum „Haus am Halensee", wo tatsächlich aus den oberen Geschossen ein Blick auf den nahegelegenen Halensee möglich ist.

Beide Gebäude sind von ihrer Architektur her ebenso überzeugend wie das gegenüberliegende Jahn-Hochhaus an der Ecke zur Bornimer Straße. Beide Gebäude in der Nr. 125 a und 126 hatten aber auch von Anfang an mit Leerstand in den Ladenzeilen zu kämpfen. Hier in Halensee ist der Kurfürstendamm eben unwiderruflich zu Ende.

Umso unverständlicher ist es, dass für alle Bewohner an diesem Teil des Kurfürstendamms und in der Villenkolonie Grunewald seit dem Umbau des Hauses Nr. 126 und der Schließung des Kaisers-Supermarktes kein einziges Lebensmittelgeschäft mehr verblieben ist, nachdem auch „Penny" gegenüber aufgegeben hat. In einem Umkreis von einem Kilometer kann hier niemand mehr zu Fuß für das tägliche Leben einkaufen.

Dafür drängen sich in zwei Nebenstraßen des Kurfürstendamms ein Stück weiter mit Zugang/Zufahrt durch „verkehrsberuhigtes" Wohngebiet zwischen Georg-Wilhelm-Straße und Katharinenstraße zwei riesige Discounter, die den Bedarf erzeugen, anstatt ihn dort zu decken, wo er tatsächlich vorhanden ist. Dies geht zurück auf die eigenartigen Bedarfsanalysen von Marketingstrategen und die willig nachfolgende Genehmigungspraxis der Behörden.

Grundlage einer insgesamt positiven Entwicklung des Kurfürstendamms in den letzten Jahren seit Mitte der 90er Jahre war sicher die Wiederherstellung der Straße mit einem eigenen neuen „Gesicht", mit restaurierten Fassaden und interessanten Neubauten. Genauso wichtig wie diese positiven baulichen Veränderungen waren aber neue Geschäftskonzepte für Straßenabschnitte, die nach der Wende 1990 zuerst Kunden an die „neue" Mitte im „alten" Osten verloren hatten und sich nun erstmals Gedanken machen mussten, wie sie Kunden gewinnen könnten.

Das Modell „Fasanenstraße" als qualifizierte Nebenstraße des Kurfürstendamms

Unter den vielen Nebenstraßen des Kurfürstendamms mit einem eigenen Charakter nimmt die Fasanenstraße eine besondere Stellung ein, auf ihre Weise war sie immer Markenzeichen des Boulevards. Durch ihre unmittelbare Nähe zum Zentrum der westlichen City um Kranzler-Eck und Gedächtniskirche hat sie sogar zeitweise den Kurfürstendamm überflügelt.

Blick in die Fasanenstraße

185

Dies lag unter anderem an ihrer fast vollständig erhaltenen Gründerzeit-architektur, an den zu beiden Seiten gepflegten Baumreihen und an einer günstigen Verkehrsregelung die sie als Einbahnstraße vom Kurfürstendamm in Richtung Lietzenburger Straße ausweist. Bald nach dem Einbiegen vom Boulevard in die Fasanenstraße liegt rechts das Literaturhaus in einem großen parkartigen Garten, das den grünen Eindruck der Straße noch verstärkt und sie auflockert. Weil hier nur eine Fahrtrichtung zugelassen ist, wirken die Bürgersteige und Fahrbahnen breiter. Sie laden Passanten zum Bummeln und damit auch zum Einkaufsbummel ein.

Einkaufsbummel in der Fasanenstraße

Ursprünglich stellte die Fasanenstraße Mitte der 80er Jahre einen Galerie-standort dar. Dies wurde in einem hervorragenden Akt vorausschauender Planung sogar vertraglich festgelegt. Die Deutsche Bank verpflichtete sich beim Erwerb der Grundstücke Fasanenstraße 25 und 26 im Jahr 1984 ge-genüber dem Abgeordnetenhaus von Berlin „die Grundstücke ausschließlich in einer dem Charakter der Fasanenstraße und beiden Häuser angepassten Weise zu nutzen. Die Räume dürfen nur an Kunst- und Antiquitätenhändler, Museen, Galerien, Kunstausstellungen, Buchhandlungen und Antiquariate vermietet werden." [216]

---

216) Deutsche Bank AG 1986, zitiert bei Veronika Neuhaus, Dynamik einer hochwertigen Geschäftsstraße: Das Beispiel Fasanenstraße in Berlin, Bayreuth 2006, S. 78. Auf dieser Arbeit basieren auch die folgenden Ausführungen

So finden sich heute noch das Käthe-Kollwitz-Museum und das Auktionshaus Grisebach in der Fasananstraße.

1986 zogen in die Straße mit dem Literaturhaus, der dortigen Buchhandlung und vielen Galerien und Antiquariaten dann bereits die ersten Einzelhändler mit gehobenem bis hochwertigem Sortiment. Beispiele dafür waren Röckl Handschuhe oder lokale Anbieter im Bereich Mode. Im hinteren Bereich der Straße war seit 1978 das Einrichtungshaus Sagarra aus dem Bereich Wohneinrichtungen vertreten.

Exemplarisch für den Übergang von der gemischt genutzten Straße zur Einkaufsstraße steht das Maßatelier Fasan. Der Betrieb zwischen Handwerk und Einzelhandel hat seit 1982 seinen Standort in der Fasanenstraße. Für diese Geschäftsräume wie für den Handschuhladen Röckl wurden allerdings Wohnräume in Geschäftsräume umgewandelt - auch durch bauliche Veränderungen.

1987 und 1988 zogen dann mit Louis Vuitton und Cartier die ersten international agierenden Filialisten im Luxussegment in die Fasananstraße. Bis 1999 folgten mit Chanel, Bulgari, Gucci und Longchamp weitere Topfilialisten und verschiedene andere Geschäfte im Hochpreissegment in die Fasananstraße.

Dadurch wurden lokale Anbieter jetzt weitgehend verdrängt - auch durch Mietpreiserhöhungen. Im Zuge der Entwicklung der Straße zur Geschäftsstraße wurden Grundrisse verändert und neue Schaufensterfronten geschaffen, die Fasananstraße wurde zur Luxusmeile.

Die geschützten Nutzungen aus dem Bereich Kunst/Kultur blieben allerdings erhalten, ebenso wie die Galerie Venzke für asiatische Kunst. Durch den Immobilien-Boom der 90er Jahre in Berlin und die Entwicklung zur Geschäftsstraße haben die Eigentümer die Mieten stark angehoben, weil das Verhältnis von Angebot und Nachfrage dies hergab. Auch die Vertragsbindung wurde teilweise auf bis zu 10 Jahre verlängert.

Blick in die Fasanenstraße

Aber dies konnte eine schon wenige Jahre später einsetzende Veränderung nicht verhindern: ab 2000 begannen hochwertige Geschäfte die Fasanenstraße zu verlassen. Hier waren wieder Louis Vuitton und Cartier die Vorreiter. Die Nobelmarken folgten dem Trend der hochwertigen Marken, sich in großzügig geschnittenen Flagship-Stores niederzulassen, deren Verwirklichung in der Fasananstraße mit ihren vergleichsweise kleinteiligen Grundrissen nicht möglich war.

Die wegziehenden Luxus-Lables hinterließen zusätzlich zu dem sich ständig vergrößerenden Leerstand in der Straße auch hohe Mieten und teilweise noch laufende Mietverträge. Einige Ladeneigentümer nahmen lieber weiterhin die sichere Miete, als neu und wahrscheinlich mit finanziellen Einbußen zu vermieten, so standen Ladenflächen unverhältnismäßig lange leer.

Der andauernde Leerstand setzte eine Kettenreaktion in Gang, die charakteristisch ist für eine solche Negativspirale eines ehemals angesehenen Standortes: Wegzug von Geschäften, Leerstand (teilweise hoch bezahlt und deshalb hartnäckig), Attraktivitätsverlust, weniger Passanten, weniger Umsatz, weiterer Wegzug, Negativimage, fallende Mieten, weniger attraktive Mieter - also all das, was der Kurfürstendamm in den 70er und 80er Jahren schon erlebt hatte.

2005 standen 19 von 42 Läden leer, und dies führte zu einem starken Verlust von Passanten. Da die Fasananstraße keinen Durchlaufverkehr für Fußgänger hat, traf sie das besonders. Die Literatur-und Kulturinsel blieb zwar bestehen als Oase für die Gebildeten und Ruhesuchenden. Aber als Geschäftsstraße war die Fasananstraße genauso so schnell wieder eingegangen, wie sie vorher unerwartet und strahlend aufgegangen war.

Mit diesem teilweise selbst verursachten Niedergang wollte man sich aber nicht abfinden, und so setzten Überlegungen ein, wie man die verfahrene Situation ändern könne. Dies war allerdings schwierig, denn mit Recht konnte man den Geschäftsinhabern am Kurfürstendamm und in den Nebenstraßen vorwerfen, dass sie nach der Wende die Entwicklung schlicht „verpennt" hätten.

Die Monopolstellung des Handels und die Subventionsmentalität vieler Firmen vor der Wende hatten dazu geführt, dass sich die Läden nicht unter Marktbedingungen den Wünschen und Bedürfnissen der Kunden anpassen mussten.[217] Ein Experte kommentierte dies so: „Ich behaupte mal, keiner dieser Läden hat sich jemals Gedanken machen müssen, zwischen Ende des Weltkriegs und Fall der Mauer, wie man Kunden aquiriert."[218]

Direkt nach der Wende setzten sich die monopolartigen Zustände im Berliner Einzelhandel noch eine Weile fort wegen der fehlenden Einzelhandelsstukturen in Ostberlin und im Brandenburger Umland. Die Geschäfte versäumten es, sich auf eine Konkurrenzsituation vorzubereiten. Sie betrieben ihre Geschäfte so, als könne dieser paradiesische Verkaufsboom unverändert weitergehen. Sie hatten zwar ein modernes Sortiment, aber sie arbeiteten noch mit den Vertriebsstrukturen der 60er Jahre. Und so wurden sie unangenehm überrascht, als es nun plötzlich Konkurrenz auftauchte.

217) vgl. Neuhauser, a.a.O. S. 56
218) Neuhauser, a.a.O. S.56

In Berlin Mitte wurden in wenigen Jahren Büro-und Geschäftshäuser mit hochmodernen Ladenflächen durch bundesdeutsche Höchstförderung aus dem Boden gestampft, die nun teilweise die hochwertigen Geschäftsstraßen in der westlichen City enterbten und ihnen Ladenmieter und Kunden entzogen.

Großflächige Einkaufszentren in Ostberliner Stadtteilen und im Umland sorgten dafür, dass auch die bisherige „Ost-Kundschaft" nicht mehr überwiegend im Westen einkaufte. Es ist statistisch gut dokumentiert, dass zwar viele Westberliner und Touristen gern die neuen Einkaufsquartiere im Osten der Stadt aufsuchen. Aber nur wenige Berliner aus dem Ostteil besuchen zum Einkaufen die westliche City.

Es mussten also neue Konzepte entwickelt werden, und in der Fasananstraße ließ sich das gut verwirklichen, weil dort das Immobilienunternehmen Engel & Völkers Gewerbe eine neue Perspektive in die festgefahrene Situation brachte durch ein sogenanntes Standort-und Flächenmanagement.

Dieses Modell ist schon in den 70er Jahren in Kanada und in den USA entwickelt worden. Es ist gekennzeichnet durch eine freiwillige Selbstverpflichtung von Imnobilieneigentümern und/oder Gewerbemietern in einem klar umrissenen Gebiet (District). In Abstimmung mit der Kommune wird in die Revitalisierung einer tragfähigen Geschäftsstraße investiert, um eine Verbesserung der wirtschaftlichen Bedingungen (Business Improvement) zu erreichen. Dieses Modell heißt deshalb „BID" = Business Improvement Districts.

Alle notwendigen Maßnahmen zur Aufwertung eines Gebiets werden über eine Umlage finanziert, die als Sonderabgabe mit den Grundsteuern von allen Grundeigentümern und/oder Gewerbetreibenden erhoben wird. Voraussetzung für das Gelingen ist eine Mehrheit der Beteiligten auf gesetzlicher Grundlage.

Ein solches Zweckbündnis ist meist auf fünf Jahre zeitlich befristet. In dieser Zeit darf zum Beispiel kein Ladeninhaber an ein Kaufhaus/Zentrum vermieten. Dieser Selbstschutz dient der Wettbewerbsfähigkeit gegenüber zentral gemanagten Einkaufszentren.

Die Aufgaben im Bereich „BID"-Standortmarketing sind vielfältig und reichen von Maßnahmen zur Erhöhung von Sauberkeit und Sicherheit über Marketingmaßnahmen, die Entwicklung von Gesamtkonzepten(Standortprofilierung), das Flächen-und Leerstandsmanagement bis hin zur Bereitstellung sozialer Dienste. [219]

Engel & Völkers ist es gelungen, dieses Modell in der Fasananstraße in Angriff zu nehmen, indem speziell qualifizierte Mitarbeiter aus unterschiedlichen Disziplinen (Stadtplanung, Marketing, Öffentlichkeitsarbeit/Medien, politische Kontaktpflege) einen Prozess in Gang gesetzt haben, in dem sie die Rolle des Moderators übernahmen.

Sie sprachen zunächst die Immobilienbesitzer einzeln an, um sie für ein gemeinsames Vorgehen zu gewinnen. Alle Beteiligten waren bereit, das kurzfristige Gewinnstreben bei der Vermietung und Vermarktung der eigenen Flächen vorübergehend zurückzustellen und mitzuarbeiten am langfristig angelegten Aufbau eines positiven Images für den Standort Fasananstraße.

Zunächst wurde eine Standortanalyse vorgenommen: welche speziellen Vorteile hat unsere Straße, und welche sichtbaren Schwächen müssen überwunden werden? Welche Vision haben wir für unsere Straße, und welche Schritte können wir gehen, um sie zu verwirklichen? Die Ausgangslage war klar: sämtliche bekannten Vorteile der Straße waren nach dem unwiderruflichen Abzug der Nobelmarken in den Hintergrund getreten. Der Leerstand von mehr als 40% hatte Ratlosigkeit und Hilflosigkeit bei allen Betroffenen hervorgerufen.

Aber man brauchte sich ja nur zu besinnen auf die vielen positiven Merkmale der Straße: zentrale Lage in der westlichen City in Ku-Damm-Nähe, reizvolle historische Gründerzeitarchitektur, Flanieratmosphäre mit viel Grün und eingeschränktem Verkehr, eine kulturell geprägte Atmosphäre, gehobenes Publikum in der Wohnbevölkerung mit überdurchschnittlicher Kaufkraft, ein gepflegtes Ambiente.

219) Zum Modell „BID" vgl. Stefan Heerde, Carolin Hegenbarth, Ein neues Geschäftsfeld für Makler und Hausverwalter, Allgemeine Immobilien Zeitung 9/2005, S.12

Alle Beteiligten konnten sich verständigen auf eine Neupositionierung der Fasananstraße unter den Überschriften: „Chaussee der Sinne" („SinnesWandel"), „Flaniermeile für das Besondere", „die charmante Seitenstraße des Kurfürstendamms". Man konnte anknüpfen an die verbliebenen Schwerpunkte im Bereich Kunst/Kultur rund um Literaturhaus, Museen, Galerien und Antiquariate.

Modeschmuck/Kunst Doris Imhoff　　　　　　*Galerie Anna Augstein*

Das Konzept ging auch aus von den Bestandsmietern im gehobenen und hochwertigen Einzelhandel der Branchen Schmuck, Kunst, Wohneinrichtung und -accessoires. So ergaben sich die Fragen: was passt zu dieser Ausgangslage? Welchen zukünftigen Branchenmix wünschen wir uns, um eine gehobene Käuferschicht in unsere Straße zu ziehen?

Die Straße sollte Standort werden für kreative und hochwertige Nutzungen aus den Bereichen Schmuck/Kunst und Gastronomie und auf eine intellektuelle und zahlungskräftige Neukundschaft ausgerichtet werden.[220]

Ausgehend von diesem Profil wurden Vermarktunsunterlagen erstellt und potentielle Neumieter angesprochen. Die geplante Besetzung der einzelnen Straßenabschnitte wurde zielgerichtet umgesetzt. In Ku-damm-Nähe war der Schwerpunkt Schönheit/Wellness, Mode, Schmuck; im mittleren

221) Engel & Völkers (Hrsg.), Fasanenstraße - Flaniermeile für das Besondere, (2005)

Abschnitt Kunst, Kultur und Handwerk; im hinteren Abschnitt in unmittelbarer Nähe der Lietzenburger Straße auf der einen (linken) Seite Wein/Genuss, auf der anderen Seite Wohneinrichtungen.

Seit der Übernahme des Standort - und Flächenmanagements durch Engel & Völkers und das vorbildliche Engagement der Mitarbeiter dieser Firma ist der Leerstand in der Fasananstraße innerhalb eines sehr kurzen Zeitraums von 1-2 Jahren von über 40% zurückgegangen auf nahezu Null.

Es konnten viele neue Mieter mit einem interessanten Branchenmix gewonnen werden: Doris Imhoff (Modeschmuck/Kunst), Leica, Moazipoor, Patisserie Albrecht's, Noa Noa (dänisches Textilkonzept), Katrin Luis (polnisches Textilkonzept), Lumas (Photos), das Reisebüro Pineapple Tours für hochspezialisierte Individualreisen neben Inernetbuchung, ein Skulpturenladen, 3 Galerien, Antike Rahmen u.a.

Im unteren Abschnitt an der Lietzenburger Straße siedelte sich mit Küchen Keie ein Küchenstudio de Luxe an, gegenüber "Dermalogica" und „Bäderland" für hochwertigen Badezimmerbedarf. Dies korrespondiert mit dem Angebot der Lietzenburger Straße und ist für beide Straßen von Vorteil.

Der Fasan steht als Symbol für Exklusivität, Farbenfreude, Hochwertigkeit, Glanz und Eleganz. Er taucht überall im Straßenbild auf und auch als Logo auf der Kleidung von Mitarbeitern, die in der Straße in unterschiedlichen Funktionen tätig sind. Es ist bei Eigentümern, Mietern und Anwohnern ein neues Zugehörigkeitsgefühl zu ihrer Straße dadurch entstanden. Und er erinnert an die Entstehung des Straßennamens, denn im Gebiet des Zoologischen Gartens lag früher die königliche „Fasanerie".

Voraussetzung für ein derart erfolgreiches Standortmanagement war das dargestellte Konzept für Makler als Interessenmoderatoren und Prozessbegleiter bei der Firma Engel & Völkers. Eine gewisse Bereitschaft zum Verzicht auf Höchstgewinne ist erforderlich, wenn freie Flächen nicht um jeden Preis auf den Markt gebracht werden, sondern Ladenmieter angesprochen werden, die in das Image der Straße hineinpassen, auch wenn sie keine Höchstpreise bezahlen können.

Bei den Einzelvermietungen haben andere Maklerfirmen teilweise genauso profitiert wie der Initiator Engel & Völkers. Eine gewisse Uneigennützigkeit „nützt" aber dann wieder dem Ruf und dem Namen des Unternehmens, das hier tätig geworden ist. Eine gute Zusammenarbeit mit der Kommune ist ebenfalls wichtig für das gesamte Konzept. Die Wirtschaftsberatung des Bezirks Charlottenburg-Wilmersdorf unterstützt seit 2002 in Zusammenarbeit mit den Interessengemeinschaften im Bezirk sowie der IHK und dem Institut für „Gesellschafts- und Wirtschaftskommunikation" der UdK mit dem Projekt „Management für vitale Geschäftsstraßen, Einzelhändler und Einzelinitiativen im Bezirk."[221]

222) vgl. Bezirksamt Charlottenburg-Wilmersdorf, Management für vitale Geschäftsstraßen - Projektdokumentation der Wirtschaftsberatung Charlottenburg-Wilmersdorf (Hrsg.), Berlin 2005; vgl. auch Neuhauser, a.a.O. S.98

Von großer Bedeutung für ein erfolgreiches Standortmanagement sind auch Kontakte zu den lokalen und überregionalen Medien. Es entsteht nämlich sonst sehr schnell ein Negativimage in der Krise eines Standorts, wenn sich zum Beispiel Ladeninhaber nach der Geschäftsaufgabe oder Anwohner bei wachsendem Leerstand lautstark beschweren.

Von der Presse wird dies dann gern in zugespitzter Form aufgegriffen nach dem Verfahren „bad news only are good news". Ein gefährdeter Standort kann durch diese mediale Verstärkung der Negativfaktoren auch einmal schlecht geredet oder totgesagt werden. So wurde beispielsweise der Niedergang des Kurfürstendamms in der Berliner Presse schon mehrmals angekündigt und ist bis jetzt noch nicht eingetreten.

Umgekehrt kann eine zielgerichtete Pressearbeit durch die Projektleiter des Standortmanagements und durch die Pressearbeit des Bezirks auch schnell wieder wieder zu einer positiven Verstärkung des Aufwärtstrends in einer Straße führen. So hat es sich dann in der Fasananstraße tatsächlich entwickelt. Bald gab es positive Schlagzeilen in vielen Berliner Zeitungen und auch in anderen Medien: „Hinterm Kudamm geht es weiter - in den Seitenstraßen des Einkaufsboulevards sollen neue Ideen und ein Standort-Management ... helfen." („Der Tagesspiegel" vom 24.10.2005) „Den Wandel gestalten - Frischzellenkur für Einkaufsstraßen" (Immobilienzeitung Nr. 16 vom 28.7.2005.) "Ein Vitaminstoß für verwaiste Einkaufsstraßen" (Frankfurter Allgemeine Zeitung vom 26.6.2005) und viele andere.

Die Fasanenstraße versteht sich heute als „Ergänzungsstraße" zum Kurfürstendamm, als Niveaustraße mit hochwertigem und vielfältigem Angebot für ein meist gebildetes und gehobenes Publikum mit überdurchschnittlicher Kaufkraft. Alle Experten sind sich darüber einig, dass die Fasananstraße wieder zur Luxuslage Berlins avancieren wird.

Im Rahmen eines Buches über den Kurfürstendamm ist eine besondere Nebenstraße in einem ausführlichen Exkurs deshalb so detailliert behandelt worden, weil bei diesem Standortmanagement zukunftsweisende Konzepte entwickelt wurden, die sich später positiv auf den Kurfürstendamm ausgewirkt haben, er wurde dadurch spürbar stabilisiert.

Vor allem aber lassen sich solche Projekte auch teilweise auf den Kurfürstendamm übertragen, natürlich nur in einzelnen Abschnitten oder Häuserblocks durch die Vernetzung von Hauseigentümern, Laden- und Restaurantbesitzern und- Vermietern. Dies lässt sich durchaus beobachten, wenn in einzelnen Teilstrecken des Boulevards plötzlich das Erscheinungsbild lebendiger und für das Publikum interessanter wird.

An vielen Stellen ist tatsächlich ein „SinnesWandel" eingetreten, nicht überall, aber an einigen Stellen. Bei einzelnen Eigentümern und Hausverwaltungen hat eine Art Umdenken eingesetzt, und es ist zu der Erkenntis gekommen, dass reines Renditedenken nicht unbedingt zu einer positiven Vermarktung führen muss. Die sogenannten „weichen Faktoren" wie Vertrauen, Interesse an den Nachbarn und an der Struktur des Wohnumfelds nutzen Eigentümern, Mietern und Maklern auf die Dauer mehr.

Die Rückkehr der Nobelmarken an den Kurfürstendamm

Vielleicht gilt das beschriebene „Umdenken" ja auch und vor allem für ein Ereignis, das für den Kurfürstendamm gar nicht überschätzt werden kann. Die Nobelmarken entdeckten den Kurfürstendamm neu, weil sie dem internationalen Trend folgten.

1987 und 1988 waren Louis Vuitton und Cartier die ersten international agierenden Filialisten im Luxussegment, die in die Fasanenstraße zogen. Bis 1994 folgten mit Chanel, Bulgari, Gucci und Longchamp weitere Nobelmarken, die verschiedene lokale Anbieter verdrängten. Die Fasananstraße wurde zur Luxusmeile. Hier konnte man die potenten Kunden in einem sehr gehobenen Ambiente persönlich bedienen. Man wollte im damaligen Understatement-Verständnis Marken nicht öffentlich zeigen. Es gehörte zum guten Ton und zum Trend, die jeweilige Marke dezent und zurückhaltend anzubieten.

Der Kurfürstendamm war in dieser Zeit indiskutabel für die internationalen Spitzenlabels. Seine „besondere Mischung" mit einem Angebot für jeden Geschmack und für jeden Geldbeutel widersprach dem Selbstverständnis der Nobelmarken. Nur in einer sehr gehobenen Umgebung wollten sie sich einer elitären Kundschaft präsentieren. „Burger King" oder „Wienerwald" nebenan oder Aldi und Lidl um die Ecke hatten eine abschreckende Wirkung.

Ab dem Ende der 90er Jahre änderte sich nun plötzlich der internationale Trend. Nun war es plötzlich „in", sich in großzügig geschnittenen Flagstores niederzulassen, und deren Verwirklichung war in der Fasananstraße mit ihren kleinteiligen Grundrissen nicht möglich. Ein solches räumlich großzügiges Präsentationsmilieu gab es nur am Kurfürstendamm.

Woher kam dieser plötzliche Umschwung, diese Trendwende? „Es wurde von Amerika her suggeriert, dass nur die Marke Bestand hat, durch die Serien kam das, das der Kunde wieder zeigt, ich kann mir das auch leisten. Und dadurch haben alle größeren Marken wieder mehr Zuspruch erfahren, denn ganz ohne Klientel können die auch nicht leben." In den 1990er Jahren ist der Luxusgüterkonsum international enorm gewachsen: von etwa 23 Milliarden Euro Umsatz (1992) auf etwa 34,5 Milliarden Euro Umsatz (1998). Der Großteil dieses Wachstums wurde eingetrieben durch die Nachfrage der Kunden nach Designer Marken. In Deutschland galt deshalb die aktuelle Tendenz zur weiteren Verbreitung von Flagship-Stores. [223]

Wieder waren Louis Vuitton und Cartier die Vorreiter, und wieder folgten ihnen alle anderen vorher in der Fasananstraße ansässigen Nobelmarken. Sie bezogen am Kurfürstendamm Geschäfte, die teilweise doppelt oder sogar dreimal so große Ladenflächen hatten wie die vorherigen Geschäfte in der Fasananstraße. Dies bedeutete natürlich eine deutliche Aufwertung des Kurfürstendamms.

Allerdings wurde nur der Abschnitt von der Fasananstraße bis zum Olivaer Platz als angemessen betrachtet. Man wollte weder mit der Massen-Kaufstraße Tauentzien etwas zu tun haben noch mit der schwächeren Publikumsfrequenz am oberen Kurfürstendamm in Richtung Halensee. Einen begrenzten Teilabschnitt des Boulevards prägten nun die Topfilialisten. Die Vertreter der Markengeschäfte konnten sich dem Eindruck hingeben, dass sie sich in einer sehr hervorgehobenen Umgebung befanden, die sie vorher selbst erst geschaffen hatten.

Repräsentanz hieß das Zauberwort, durch das die zahlreichen kapitalstarken Geschäfte an den Kurfürstendamm gelockt wurden. Neben den Nobelmarken im Luxussegment mussten natürlich auch alle großen Autohäuser riesige Schaufenster am Kurfürstendamm haben, die führenden Banken wurden bereits erwähnt.

Ob sich für die Nobelmarken die großen repräsentativen Laden- und Ausstellungsflächen überhaupt rechnen, ist unter Experten umstritten. Die einen behaupten, dass sich durch die Geschäfte an einem weltweit bekannten Boulevard ganz neue und interessante Kunden eingefunden hätten und dadurch

223) Neuhauser, a.a.O. S. 84 f.

ein deutlich höherer Umsatz erzeugt würde. Andere stellen fest, dass beispielsweise die Vergrößerung einer Ladenfläche von 150 qm auf 300 qm oder sogar 400 qm mit erheblich höheren Mietpreisen in einer Toplage keineswegs durch einen drei - bis vierfachen Umsatz wieder eingespielt werden könne. Es gehe nur um den Symbolwert einer solchen Repräsentanz an einem Weltstadtboulevard, der in den internationalen Medien ständig präsent ist.

Man vermutet, dass in der für Nobelmarken reservierten Etage im KadeWe mehr umgesetzt wird als in den Geschäften am Kurfürstendamm und in der Friedrichstraße zusammen. Die Friedrichstraße kann sich allerdings trotz der hochmodernen Quartiere weder vom Umsatz noch von der Käuferfrequenz her mit dem Kurfürstendamm messen. Man hat dort eine „Zweitniederlassung", wie das in Weltstädten heute öfter üblich ist.

Die Vertreter der Nobelmarken selbst sagen aus, sie hätten in der Fasanenstraße für deutlich weniger Miete als am Kurfürstendamm gute Geschäfte gemacht und wegen einer Umsatzsteigerung keineswegs einen Umzug an den Kurfürstendamm gebraucht. Aber als international agierende Luxusmarken seien sie stark abhängig von den weltweit geltenden Trends in der Verkaufsraumgestaltung und von der Nachbarschaft zu anderen gleichwertigen Anbietern. Geht der erste, dann müssen alle anderen folgen, sonst wäre ein Imageverlust damit verbunden.

Die neuen Flagship-Stores der Nobelmarken machten den Kurfürstendamm nicht schöner, nicht kommunikativer, nicht lebenswerter und nicht liebenswerter. Aber sie machten ihn begehrenswerter, hochwertiger, insgesamt vom Mietniveau her teurer, auch ein wenig geheimnisvoller. Wo internationale Stars und Prominente sich zum Einkauf anmelden und verabreden, wo diskrete Wachleute den Einkauf abschirmen, wachsen Neugier und Respekt. „Wir sind wieder wer", stellen die Berliner in selbstbewusster Nüchternheit fest. Der Kurfürstendamm kann sich schmücken mit großen Namen im Glanz neuer Bedeutung.

Trotzdem hat er seine besondere Mischung beibehalten. Der Kurfürstendamm gehört nach wie vor allen Berlinern und allen Touristen und bietet wie in früheren Zeiten seit seiner Entstehung für jeden etwas. Die ungeheure

Geldschneiderei anderer Metropolen ist hier ausgeblieben. Ein Kaffee für 9 oder 10 Euro wie am Markusplatz in Venedig wäre hier undenkbar, man bleibt eben nach wie vor „auf dem Teppich", und neben den Geschäften von Gucci oder Bulgari sind die Getränke nicht teurer als an anderen Straßenabschnitten. Selbst im Mercedes-Restaurant sind die Preise zivil.

Dass es in den letzten beiden Jahren mehrere hundert Neueröffnungen am Kurfürstendamm gegeben hat, spricht für sich und für den Kurfürstendamm. Gute und schlechte Zeiten hat er in stetem Wechsel durchlebt. Seit dem Umzug der Nobelmarken ist er im Aufwind, aber keineswegs nur deshalb. Dass er einen solchen Aufschwung genommen hat, war keineswegs vorherzusehen und hat viele überrascht.

Nach dem Verlust bekannter Cafés und Restaurants gab es nämlich auch in diesem Bereich wieder eine Neubelebung. Mit dem Regierungsumzug kam auch das „Kaffeehaus Berlin" an den Kurfürstendamm/Giesebrechtstraße. Es hieß, die Torten würden extra für „die Bonner" früh aus Bonn eingeflogen. Das großräumige und trotzdem dezent wirkende Café war zum Beispiel ein Lieblingsort von Horst Buchholz, wo man ihn noch kurz vor seinem Tod im Gespräch sehen konnte. Auch viele Geschäftsleute treffen sich hier einmal „zwischendurch", es gibt auch größere Runden, die sich Tische für 20 - 30 Personen bestellen können. Und Prominente treffen sich dort gern, weil man anonym bleibt, hier gibt es kein Gedränge von eng aneinander gerückten Tischen.

Nicht weit davon entfernt auf der anderen Seite des Kurfürstendamms in der Nr. 200 hat Jesko Neugebauer 1996 seine Espresso-Bar „Cafe-Zeit" eröffnet, und er schwärmt von der Atmosphäre auf dem Kurfürstendamm nach 11 Jahren immer noch wie am ersten Tag. Direkt vor dem Adenauerplatz auf derselben Seite am Kurfürstendamm 171 hat Michaela Reske seit 2006 die „Art Champagne Galerie". Die Galerie ist Bar, Ausstellungsraum und Treffpunkt für ein Gespräch mit den ausstellenden Künstlern bei einem Glas Champagner. Die besondere Galerie bietet auch Raum für Lesungen oder sogar zum Tanzen.

Im Hotel „Berlin Plaza" in der Knesebeckstraße 63 an der Ecke zum Kurfürstendamm findet man nicht nur eine noble Herberge für anspruchsvolle Gäste. Es gibt auch eine interne Verbindung zum Lokal „Knese", in dem man sich nach kleineren oder größeren Veranstaltungen in den Räumlichkeiten des Hotels noch zum Bier oder Wein treffen und bis zum späten Abend a la carte essen kann. Im Sommer kann man auch auf der Straßenterrasse sitzen.

In der „Austeria" am Kurfürstendamm 184 kann man Austern schlürfen, und ein paar Schritte weiter am Kudamm 195 Currywurst essen, vielleicht sogar die beste der Stadt. Wie schon immer am Kurfürstendamm essen hier die Promis neben den Taxifahrern, der Tourist in Turnschuhen steht neben dem Geschäftsmann in Schlips und Kragen.

Im Photostudio Urbschat am Kurfürstendamm 173 wurden ab 1969 schon viele Prominente mit unverwechselbaren Portraits abgelichtet. Horst Urbschat war Firmengründer, und seine ersten Kunden waren Grete Weiser und Curd Jürgens. Inzwischen führen die Töchter Daniela und Nicole Urbschat das Studio und portraitierten internationale Prominenz wie Mario Adorf, Bill Clinton und Königin Noor von Jordanien.

Im „STORY OF BERLIN" im Kudamm-Karrée wird eine Erlebnisausstellung präsentiert. Hier kann die Geschichte Berlins von der ersten Erwähnung 1237 bis heute in 20 Themenräumen multimedial erlebt werden. Ein Höhepunkt ist die Besichtigung der Original-Atomschutzbunker aus der Zeit des „Kalten Krieges".

Am Lehniner Platz hat sich die Schaubühne als Theater mit einem kritisch-analytischen Blick auf die Gesellschaft etabliert. Die Programmatik wird geprägt von Regisseur Thomas Ostermeier und trifft auf große Resonanz innerhalb und außerhalb Berlins. Der Anteil junger Zuschauer ist überdurchschnittlich hoch. (vgl. TOP Berlin - das Hauptstadtmagazin, Ausgabe 2/07 S. 135 ff.)

Besonders erfreulich ist es, dass auch am oberen Kurfürstendamm hinter dem Adenauerplatz in Richtung Halensee ein neues interessantes Stück Boulevard entstanden ist und entsteht. Durch geschicktes Standortmanagement haben hier neue Geschäfte und Lokale eröffnet, zum Beispiel das Restaurant Balthazar und das Blumengeschäft Rosentraum. In der Nähe des Adenauerplatzes soll auf 500 qm ein Zentrum für Leder entstehen, das auch jungen Designern eine Chance bietet. Selbst Beate Uhse breitet in dieser Gegend neue Verlockungen aus.

Die Mieten sind hier billiger als im zentralen Bereich des Kurfürstendamms. Wenn die Qualität bei den neuen Geschäftsmietern am Kurfürstendamm stimmt, gibt es hier einen vielfältigen Branchenmix und so etwas wie eine neue offene Experimentiermeile.

City West und City Ost

Durch den Umzug der Regierung nach Berlin hat der Ostteil Berlins anfangs entschieden mehr profitiert als die westliche City. Was der Kurfürstendamm nie hatte, besaß die alte Mitte reichlich, nämlich historische Substanz mit weltweit bekannten Gebäuden, die nun sorgfältig restauriert wurden. Und so trifft sich jetzt die politische, wirtschaftliche und künstlerische Prominenz am „schönsten Platz Europas", am Gendarmenmarkt, im reizvollen „Operncafe", im Nikolaiviertel oder im stilecht restaurierten „Hotel Adlon" mit verschiedenen noblen Restaurants.

Am Kurfürstendamm wurde dagegen ein Café nach dem anderen geschlossen, und auch ein so beliebtes Restaurant wie das „Kopenhagen" musste der neuen Mercedes-Welt weichen, weil der Besitzer den finanziellen Verlockungen eines großen Konzerns nicht widerstehen konnte.

Die Berliner im Westen der Stadt haben die Sanierung und den Wiederaufbau im Osten Berlins mit viel Sympathie begleitet und unterstützt. Als dann mit riesigen Summen an Fördermitteln am Potsdamer Platz, in der Friedrichstraße und am Alexanderplatz im Eiltempo ganze Stadtteile oder halbe Straßen neu entstanden, war auch das für die Westberliner interessant.

Allerdings wuchs ihnen nun auch eine Art Konkurrenz heran. Eine derartige finanzielle Unterstützung hätten sich viele Hausbesitzer am Kurfürstendamm und in der westlichen City gewünscht. Manchmal hatten die Berliner im Westen der Stadt den Eindruck, dass hier eine Art Ungleichgewicht entstand, die teilweise als Benachteiligung empfunden wurde.

Symbolisch kam dies dann an einigen Stellen besonders deutlich zum Ausdruck.

Der Bahnhof Zoo

Die Schließung des Fernbahnhofs Zoo und damit seine Regionalisierung Ende Mai 2006 wurde mit großen Protesten vor allem in der Westberliner Bevölkerung aufgenommen. Gegen den Bau des neuen Hauptbahnhofs hatte hier niemand etwas einzuwenden. Aber nun wurde eine Investititon von ca 10 Milliarden Euro für ein neues Bahnkonzept aus Steuergeldern dazu benutzt, eine vorher abgesprochene Streckenführung **mit** dem Fernbahnhof Zoo einfach umzustoßen. Dies stieß auf völliges Unverständnis, jede Fernreise in Richtung Westen ist seither mit einem zeitaufwendigen Umweg zum Hauptbahnhof im Osten und ohne Halt am Zoo wieder zurück verbunden. Dieser Schildbürgerstreich ruft bis heute nur Kopfschütteln hervor.

Natürlich hatte dies außerordentlich negative Folgen für alle Geschäfte, Restaurants, Hotels und Kultureinrichtungen im Umkreis des Bahnhofs Zoo und am Standort City West. Die Geschäfte im Bahnhof Zoo hatten 60-80 % Umsatzeinbußen, einige mussten sogar schließen. Aber auch in der Budapester Straße, in der Joachimstaler Straße und im Kernbereich des Kurfürstendamms bis zur Uhlandstraße waren viele Geschäfte betroffen davon, dass die Touristen ausblieben.

Kurfürstendamm/Joachimstalerstraße

Da die Bahn dem Bund gehört und von dort diese verschlechterte Situation der westlichen City kaum wahrgenommen wurde, entstand im Westen der Stadt der Eindruck, dass das Schicksal des westlichen Berlins der Regierung in der Mitte Berlins gleichgültig war, man fühlte sich teilweise „abgehängt". Ein mit staatlichen Mitteln gebauter Hauptbahnhof wollte den Ladenmietern im neuen Hauptbahnhof die Konkurrenz der Geschäfte rund um den Bahnhof Zoo ersparen, um bei der Vermarktung der Flächen am Hauptbahnhof mehr Gewinn erzielen.

Der Niedergang und die Existenzgefährdung westlicher Geschäftsinhaber samt ihren Angestellten spielten dabei keine Rolle. Gewinnmaximierung hatte absoluten Vorrang gegenüber der Rücksicht auf Kundeninteressen oder die wirtschaftliche Situation in der westlichen City. Der Regierungschef von Berlin hielt sich bedeckt. Der Bahnchef durfte folgenschwere Entscheidungen treffen und die Wirtschaftspolitik nachhaltig beeinflussen, ohne dass die politischen Entscheidungsträger eingegriffen hätten.

Bald darauf im Herbst 2005 wurde die geplante Schließung der beiden Theater am Kurfürstendamm bekannt, und es erhoben sich ebenfalls Proteststürme in der Bevölkerung. Der Regierende Bürgermeister versprach medienwirksam, sich für den Erhalt der Theater einzusetzen. Aber erst im Sommer 2007 wurde bekannt, dass der Senat einer früheren Koalition die Theaterbindung des Kurfürstendamm-Karrees längst für mehrere Millionen verkauft hatte. Diese vom Regierungschef verschwiegene Tatsache machte sein öffentliches Eintreten für den Erhalt der Theater natürlich zur Farce.

Das Kurfürstendamm-Karrée ist inzwischen von einer Tochtergesellschaft der Deutschen Bank schon wieder an einen anderen Investor weiterverkauft worden, der sich auch schon wieder von der Immobilie getrennt hat und dabei 23 Millionen Euro Gewinn machte. Der jetzige Investor will nun in enger Zusammenarbeit mit dem Bezirk planen und auf jeden Fall die Theater erhalten. Die Theater scheinen gerettet zu sein und das große öffentliche Engagement der Bürger hat dabei bestimmt eine große Rolle gespielt.

Ein Gewinn für Berlin ist es auch, dass das historische „Haus Cumberland" - auch „Boarding-Palast" - mit Bühne und Hotel in früheren Zeiten jetzt wiederbelebt werden soll. Endlich hat sich ein Investor gefunden, der an dieser zentralen Stelle des Kurfürstendamms hinter dem Olivaer Platz Richtung

Gedächtniskirche einen noblen Geschäfts- und Hotelbau errichten will und sich auch eine größere Bühne durchaus vorstellen könnte.

Dass der Kurfürstendamm trotz zahlreicher Attacken auf sein Erscheinungsbild und auf sein Selbstbewusstsein sich immer wieder erholen konnte und augenblicklich sogar im Aufwind befindet, mag glücklichen Umständen zu verdanken sein. Es ist aber auch auf zahlreiche Einzelinitiativen und Zusammenschlüsse von Geschäftsleuten, Anwohnern und Multiplikatoren zurückzuführen, die vom Bezirksamt Charlottenburg-Wilmersdorf ortsnah und bürgernah unterstützt werden.

Die AG City ist ein Verein, in dem sich die größten Unternehmen im westlichen Zentrum zusammengeschlossen habe. Die AG City und ihr Vorsitzender Kurt Lehrke - Chef des Palace-Hotels und des bekannten Sterne-Restaurants „First Floor" - haben viele Initiativen ergriffen, um das Umfeld in der westlichen City zu verbessern oder negative Planungen zu verhindern.

Ein neuer Zusammenschluss für ganz Berlin nennt sich „MittendrIn Berlin. Die Zentreninitiative" und versteht sich als eine gemeinsame Aktion des Landes Berlin, der IHK Berlin, der B.Z. und der privaten Wirtschaft, u.a. auch „Engel & Völkers". Gemeinsames Interesse ist es, neue Impulse für die Entwicklung der Berliner Zentren zu geben und neue Kooperationsmodelle in Stadtentwicklung und Wirtschaftsförderung zu unterstützen. 2005 wurden erstmals herausragende Initiativen als Preisträger durch eine Jury ausgewählt.

Im Jahr 2006 erhielt die AG City für ihr herausragendes Engagement diesen Preis. Mit „BoulevART© - Kunst erobert den Kurfürstendamm" präsentierten KUNST HERBST 2006 und die AG City e.V. erstmals eine eigene Ausstellung. Die Künstlerauswahl erfolgte über eine Ausschreibung, die an alle bedeutenden Kunsthochschulen Deutschlands, an Galerien und Künstler versandt wurde. Aus den Bewerbungen suchte ein Expertengremium die Teilnehmer an der Ausstellung aus. Über 30 „aufstrebende Künstler" (emerging artists) suchten sich für 10 Tage ihren Platz am Berliner Prachtboulevard.

„Kunst und Boulevard gehörten in der Moderne immer zusammen", so Professor Siebenhaar als einer der Initiatoren der Aussstellung, „die aufstrebenden Künstler aus aller Welt haben sich 2006 ihren ganz eigenen Platz auf dem Kurfürstendamm, gesucht und gefunden. Als Jubiläumsprojekt zum 10. Geburtstag von KUNST HERBST BERLIN dokumentiert „BoulevART©" die subversive Frische der Kunstmetropole Berlin."

Gezeigt wurden Arbeiten (fast) aller Genres der bildenden Kunst - Malerei und Plastik, Licht- und Soundinstallationen, Performances und Videokunst - an zehn Stationen am Kurfürstendamm zwischen Breitscheidplatz und Lehniner Platz: an Wänden, in Schaufenstern und Vitrinen, auf Grünflächen und in Passagen. Zu den Orten gehörten z.B. der George-Grosz-Platz, Schaubühne am Lehniner Platz, Deutsche Bank und Commerzbank, Mercedes Benz u.a. Im Helmut-Jahn-Bau der Difa im Neuen Kranzlereck wurde die Difa-Kunsthalle auf Zeit gegründet.

Einen besonderen Akzent setzte „BoulevART©" im Bereich Kunstvermittlung. Vom 15.-21.9. 2006 war im Kudamm-Karrée auf 1000 qm die Station „Malmaschine" eingerichtet. 800 Kinder und Jugendliche aus Berliner Schulen und Familien - vorwiegend aus benachteiligten Stadtteilen - konnten in Kunstwerkstätten der Malschule „Kunsthalle Emden" und „Jugend im Museum e.V." bildende Kunst aktiv erleben und selbst unter Anleitung Kunstwerke herstellen. Der Eifer und die Konzentration dieser Kinder und Jugendlichen waren beeindruckend.

Vielfältige Kunstaktivitäten und bisher noch nie gezeigte Kunstwerke am Kurfürstendamm - dafür erhielt die AG City den Preis von der Zentreninitiative „MittendrIn Berlin" im Jahr 2006.

Rund um den Kurfürstendamm gab es auch weitere Zusammenschlüsse von Geschäftsleuten und Anwohnern. Seit 2005 gibt es die „Kurfürstendamm Interessengemeinschaft e.V.", zu der inzwischen mehr als 60 Mitglieder gehören. Es geht ihnen um Aktivitäten, die das Umfeld am Kurfürstendamm verbessern. Vorsitzender ist seit 2006 Peter-Michael Riedel. Die Geschäftsleute können manche Probleme beheben, indem sie sich besser untereinander vernetzen. Es gibt in regelmäßigen und unregelmäßigen Abständen Treffen in der Öffentlichkeit, zum Beispiel den „Stammtisch" für Mitglieder und ein oder zweimal im Jahr einen „Business-Talk, zu dem die Geschäftsleute am Kurfürstendamm eingeladen werden. Bei den letzten Treffen waren jeweils über 100 Teilnehmer anwesend.

Im oberen Bereich des Kurfürstendamms bildete sich im Jahr 2006 die „Gewerbegemeinschaft Halensee/Kurfürstendamm", in der inzwischen mehr als 30 Geschäfte viele Aktivitäten initiiert haben, z.B. einen Photowettbewerb in der Gegend und einen Bauernmarkt am Lehniner Platz.

Eine viel beachtete Initiative war es, dass sich vier Unternehmen bei der Umgestaltung der Budapester Straße als Investoren und Auftraggeber mit 85 % der Kosten beteiligten, während der Senat nur die restlichen Kosten übernahm. Die kommunikationsfeindliche Tunnelröhre trennte früher an dieser Stelle den Breitscheidplatz und die Budapester Straße unüberwindlich durch den dunklen Abgrund der Tunneleinfahrt, sie wurde jetzt zugeschüttet. Mit einfachen Fußgängerampeln sind die Straßenräume wieder miteinander verbunden. Die gesamte Gegend hat eine hohe Qualitätssteigerung erfahren und wird wieder als Flaniermeile empfunden.

An dieser beispielhaften Initiative waren das Palace-Hotel mit dem Europacenter beteiligt, die Bayerische Immobilien AG, Ebertz & Partner und Casio. Ein derartiges Bürgerengagement - auch wenn es von Konzernführungen veranlasst wurde - setzt ein sehr positives Zeichen. Im Rahmen von ppp (= private partnership programm) kann die Stadt lebenswerter gemacht werden, und dafür kann man den Initiatoren nur dankbar sein. Eine solche Bereitschaft zum Sponsoring knüpft an die alten Tugenden länst vergangener berühmter Zeiten an. Die AG City spielt bei solchen Initiativen eine herausragende Rolle.

Hervorzuheben ist vor allem auch das Engagement der Wall AG im Kleinen und im Großen. Als das traditionsreiche Musikgeschäft Riedel kurz vor dem Konkurs stand, hat der Unternehmer Wall so viele wertvolle Notenbestände und historische Partituren gekauft, dass das Geschäft in der Uhlandstraße in der Nähe des Kurfürstendamms gerettet werden konnte - ein Markenzeichen für Musikinteressierte blieb erhalten dank der Privatinitiative eines erfolgreichen Unternehmers.

Wenn Geld und Vermögen eingesetzt werden, um Traditionen zu bewahren und soziale Notstände zu beheben, so ist dies ein sehr positives Zeichen in einer Gegend, wo viel Geld verdient wird und Sponsoring trotzdem keineswegs selbstverständlich ist.

Natürlich ist die Wall AG bekannter dadurch, dass sie die Weihnachtsbeleuchtung am Kurfürstendamm sponsort und damit in der Adventszeit den gesamten Boulevard mit einer einheitlichen und attraktiven Beleuchtung aus stattet. Mit den Umrissen von Figuren wie Glocken, Sterne oder Engel ist sie besonders reizvoll und bei der Bevölkerung sehr beliebt.

Weihnachtsbeleuchtung am Kurfürstendamm

„Bluespot" ist ein für den Kurfürstendamm und die Tauentzienstraße besonders werbewirksames elektronisches „Stadtinformationsnetz" der Wall AG, das im Juli 2007 begonnen wurde. Es handelt sich um ein Internetportal der Außenwerbebranche, das klassische Plakatwerbung mit Internet und Handy kombiniert. Die Nutzer können kostenlos Angebote des Einzelhandels, Stadtinformationen wie z.B. eine digitale Stadtkarte und Veranstaltungstipps im Internet oder auf den 40 innerstädtischen Wall-Terminals abrufen und tagesaktuell direkt auf ihr Handy laden. Die Wall AG hat dafür den Boulevard mit kostenlosem WLAN-Zugang ausgerüstet.

„Bluespot wird die Kaufkraft des lokalen Einzelhandels erheblich stärken, denn die Kommunikation zwischen Händlern und Kunden wird revolutioniert. Mit Hilfe des Aktions-Coupons können Kunden richtig sparen. Man lädt den ausgewählten Coupon aufs Handy, geht in den dazugehörigen Laden und bekommt den gewünschten Artikel preiswerter", erklärte Hans Wall, damals Vorstandsvorsitzender der Wall AG, einen der vielen Vorzüge des neuen Portals. Am 1.1.07 hat Hans Wall übrigens den Vorstandsvorsitz an seinen Sohn Daniel Wall abgegeben.

Eine für den Kurfürstendamm sehr vorteilhafte Initiative war auch die Errichtung des Internetportals kurfuerstendamm.de, das durch Kupsch jun. betrieben wird. Hier findet man wichtige Informationen vor allem für Gewerbetreibende am Kurfürstendamm und in der City West, zum Beispiel Neueröffnungen von Geschäften, Veränderungen und Schließungen. Aber es gibt auch aktuelle Veranstaltungshinweise.

Schien es also zunächst so, als hätte das neue Zentrum in Berlin-Mitte das „alte" Zentrum im Westen in den Schatten gestellt, so hat sich dieser Trend in den letzten Jahren eher umgekehrt. Außerdem haben in beiden Teilen der Stadt die Verantwortlichen erkannt, dass es zwischen Ost und West keine Konkurrenz geben darf, weil Berlin schon immer eine dezentral organisierte Metropole war. Sie ist aus vielen Einzelstädten zusammengewachsen und erst 1920 zu einer Großgemeinde geworden, zu einer Großstadt und Weltstadt. Die Traditionen der vielen Stadtteile machen gerade den Reiz der deutschen Hauptstadt aus.

Die alte Mitte mit Schloss und der Straße „Unter den Linden" reicht weiter in die Geschichte zurück. Aber das westliche Zentrum hatte schon immer das Image des „Modernen", Kreativen und Wandelbaren. Berlin braucht die Vorzüge beider Zentren im Osten und im Westen, darin liegen seine Stärken.

Deshalb ist es wichtig, dass die westliche City ihren eigenen Schwerpunkt gesucht und gefunden hat. Das wurde auch in mehreren neueren Presseveröffentlichungen betont: „City West erfindet sich neu", titelten die „Berliner Morgenpost" und „Die Welt" vom 21.1.2007 und ähnlich nochmals in den Ausgaben vom 26.7.07.

In dem ersten Artikel beruft man sich auf Gottfried Kupsch, Vorstandsmitglied der AG City, der den Aufschwung im Westen Berlins auf die steigenden Touristenzahlen zurückführt: „Es hat sich gezeigt, dass der Hype um Mitte und den Hackeschen Markt zwar groß war, die Geschäfte dort aber lange nicht so laufen wie erhofft. Dagegen hat es allein im Jahr 2006 am Kurfürstendamm mehr als 300 Neueröffnungen gegeben. Auch das Interesse an historischen Gebäuden wie dem jüngst verkauften Cumberland ist sehr groß."

„Das Marktumfeld am Kudamm ist einfach cool", sagt der Designer und Wahl-Berliner Michael Michalsky. „Und auch wenn diese Meile mehr „alte Welt" ist, so ist doch noch alles in der Mache. Warum sollte es nicht wie auf den Champs Elysées werden?" Viele Unternehmen haben sich für das Sowohl-als-auch entschieden.

Der Kurfürstendamm auf dem Weg vom „Schaufenster des Westens" zum „Fenster nach Osten"

Als „Schaufenster des Westens" wurde der Kurfürstendamm vor dem Fall der Mauer wie ganz West-Berlin von der Bundesregierung hoch subventioniert und von den Westalliierten unterstützt. Er war sozusagen die Visitenkarte der westlichen Welt in Konkurrenz zur „Hauptstadt der DDR" im Ostteil der Stadt. Das Geschäftsleben war dementsprechend von einer gewissen Behäbigkeit geprägt, man hatte sich in der Insellage eingerichtet. Im „kalten Krieg" gab es kaum einen Dialog zwischen West und Ost sondern nur Konfrontation. Die innerstädtischen Studentendemonstrationen stießen ja auch deshalb in der Bevölkerung auf Unverständnis.

Das „freie West-Berlin" war auf eine mehr oder weniger einheitliche Meinung festgelegt, die überwiegend von der „Springerpresse" publiziert wurde. Die politische Wende brachte nun auch den Aufbruch in vielfältige wirtschaftliche und geistige Auseinandersetzungen mit sich. Die Subventionierung der Stadt wurde in einem sehr raschen Tempo zusammengestrichen - vor allem auch für die Arbeitnehmer, die Jahr für Jahr weniger in der Tasche hatten. Trotz der anfänglichen Vereinigungseuphorie griff deshalb nach wenigem Jahren eine gewisse Unzufriedenheit um sich.

Natürlich war es auch für alle West-Berliner schön, nun ohne Kontrollen in der Mitte der Stadt und an der Stadtgrenze zum erstenmal freie Fahrt in die andere Stadthälfte oder ins Umland zu haben und nicht mehr „eingesperrt" zu sein. Aber es konnten ja nun auch aus allen Richtungen Menschen in die Stadt kommen, und die Berliner mussten erst lernen, damit umzugehen.

Die alternativlose Westbindung Berlins wurde aufgebrochen und gelockert, und die Berliner begriffen, dass ihre Stadt tatsächlich in der Mitte Europas liegt und dass Frankfurt/Oder und die polnische Grenze erheblich näher liegen als Hamburg, Köln oder München.

Die Umstellung des Bewusstseins dauerte in einigen Teilen Berlins länger als in anderen. Die Charlottenburger Kantstraße wurde beispielsweise schon kurz nach der Wende zum Einkaufsparadies der osteuropäischen Nachbarn. Angebote und Preise wurden auf die neue Kundschaft umgestellt. Import-Export-Geschäfte schossen aus dem Boden. „West-Berlin ist vorerst und nach Lage der Dinge dazu verurteilt", schrieb der Historiker und Essayist Karl Schlögel schon im November 1989," „das Kaufhaus des Ostens zu sein."

Am Kurfürstendamm fand eine solche Billigversion dieses Begriffs naturgemäß nicht statt. Aber er wurde dafür zum „Nobelkaufhaus des Ostens". Denn in den teuersten Geschäften der Juweliere, Modedesigner oder Autohäuser waren vor allem wohhabende Russen seither die Stammkunden, die nicht nach dem Preis fragten und einfach dicke Geldbündel aus der Tasche zogen.[224]

Beim Kauf von Wohnungen, Geschäftsräumen und Villen am Kurfürsten-

---

224) Stürickow, a.a.O. S.239

damm oder in Grunewald geht es ähnlich zu. Dort werden selbst Millionenbeträge bar im Koffer mitgebracht und auf den Tisch gezählt. Es gibt für viel Geld genügend Angebote, und beide Seiten profitieren. Niemand fragt, woher das Geld kommt, es ist eben einfach da.

Dabei hat die „Ostbindung" der Stadt in einer ganz anderen Hinsicht eine lange Tradition. „Zur Jahrhundertwende (um 1900) kamen monatlich mehr als dreitausend Mädchen vom Land und aus der Kleinstadt nach Berlin, um hier eine Stellung zu suchen. Neben dem Schlesischen, dem Stettiner und dem Lehrter Bahnhof galt auch der Bahnhof Zoo als Platz, wo künftige Dienstmädchen und Vermittler sich treffen konnten", so beschreibt es das Buch von A.B. Gottwaldt über den Bahnhof Zoo.

Auch junge Männer haben häufig den Weg vom Land in die Großstadt genommen als Handwerker, Kaufleute, Angestellte oder Beamte, die versetzt wurden. Die heutige Bevölkerung Berlins in der älteren Generation ist zu größeren Teilen aus dem östlichen Teil Deutschlands gekommen. Nach 1945 kamen unfreiwillig auch viele Flüchtlinge aus diesen Gebieten nach Berlin und haben hier eine neue Heimat gefunden.

Heute ist Berlin das Mekka vieler Osteuropäerinnen geworden, die in Berlin „in Stellung gehen". An jedem Montagmorgen reisen ca 10000 Polinnen nach dem Wochenende mit den Morgenzügen an, um als Reinigungskräfte oder Pflegekräfte ihren Beruf auszuüben. Seit dem EU-Anschluss Polens haben sie häufig einen 400 - 800-Euro-Job, sind krankenversichert und rentenversichert und fahren in Berlin manchmal ihren eigenen Wagen.

Auch polnische Handwerker und Restauratoren üben zu Tausenden ihren Beruf in Berlin aus. Sehr viele Polen sprechen gut Deutsch, das sie in der Schule oder in speziellen Deutschkursen in Polen oder in Berlin gelernt haben. Sie sind meist sehr fleißig, sparen für Wohnung, Einfamilienhaus oder einen kleinen Bauernhof in Polen und haben einen starken Aufstiegswillen. Auch Tschechen haben eine ähnlich kurze Anreise und fahren regelmäßig zur Arbeit in Berlin.

Und bei vielen dieser osteuropäischen Berufstätigen kommt es dann natürlich auch zu Bindungen an deutsche Partner/innen und zu Heiraten. Von den dunklen Seiten der Zwangsprostitution, der Schleusungen, der illegalen Arbeit ist in Berlin natürlich auch genug zu spüren. Eine nach allen Seiten offene Stadt bietet auch Raum für Kriminalität von den Hütchenspielern bis zur Schutzgelderpressung.

Dies alles findet sich auch am Kurfürstendamm und vor allem in dessen Nebenstraßen. Aber es spiegelt eine „normale" Entwicklung wider. Berlin liegt wieder mitten in Europa, offen nach allen Seiten, Anziehungspunkt für viele Osteuropäer, Türken, Chinesen und Vietnamesen, die hier häufig ihr Glück finden oder zumindest wesentlich mehr verdienen als in ihren Heimatländern. Berlin ist als westlich geprägte Stadt zum „Fenster nach Osten" geworden.

Ist der Kurfürstendamm noch ein „Weltstadtboulevard"?

In Zeiten des Niedergangs im Auf und Ab der 70er, 80er und 90er Jahre wurde häufig von der „Nivellierung" und „Gesichtslosigkeit" des Kurfürstendamms gesprochen. So heißt es zum Beispiel bei Regina Stürickow: „Ein Boulevard kann nicht mehr als solcher bezeichnet werden, wenn er beliebig geworden ist, wenn hier das gleiche Angebot vorherrscht, das in einer Hauptstraße einer beliebigen Einkaufsstraße ... ebenso gut zu haben ist ... Der Kurfürstendamm ist zu einer austauschbaren Straße geworden. Es ist nichts geblieben, was den Bürger zum Verweilen veranlassen könnte".[225]

Diese Sätze sind 1995 veröffentlicht worden, sie treffen in dieser Form heute sicher nicht mehr zu. Aber es stimmt, dass für inhabergeführte Einzelhandelsgeschäfte die Mieten am Kurfürstendamm inzwischen kaum noch bezahlbar sind. Diese Entwicklung wird sich wohl auch kaum rückgängig machen oder umkehren lassen. Es geht eben immer und überall ein Stück Individualität verloren beim Einzug von mehrfach in einer Stadt vertretenen Geschäften.

225) *Stürickow, a.a. O. S. 237 f.*

Dafür gibt es in fast allen Nebenstraßen des Kurfürstendamms eine große Vielzahl interessanter Einzelhandelsgeschäfte, wie es das in dieser Breite sonst kaum in anderen Berliner Stadtteilen oder auch in anderen deutschen Großstädten gibt. Kunsthandwerk ist dabei genauso vertreten wie Edeltrödel, Keramik und Porzellan, Boutiquen aller Art, Buchhandlungen und Kunsthandlungen, Weinläden, kleine kreative Druckereien u.a..

Ein paar Schritte vom Boulevard entfernt und immer noch mit breiten Bürgersteigen und Fahrbahnen öffnen sich diese Einkaufs- und Bummelparadiese, in denen man stöbern und besichtigen kann, um zum Kaufen verlockt zu werden. Und es finden sich auch überall Lokale, in denen man einkehren und sich erholen kann, Edelrestaurants gibt es dabei ebenso wie die ganz gewöhnliche Eckkneipe.

Im übrigen ist es auffällig, dass gerade im Zusammenhang mit dem Kurfürstendamm von „Filialen" und „Ketten" oft in einem abfälligen Sinn gesprochen wird. Dies gilt aber immer nur dann, wenn es um Billiganbieter geht wie etwa „Burger King" oder „Wienerwald" oder auch bei Drospa oder Aldi direkt an der Ecke zum Kurfürstendamm.

Die negativen Einschätzungen von „Filialen" oder „Ketten" hören merkwürdigerweise ganz schnell auf, wenn es um „Top-Filialisten" geht, denn auch Gucci, Bulgari und Vuitton sind Filialen internationaler Konzerne. BMW und Mercedes haben auch nicht nur am Kurfürstendamm ihre Autohäuser, sondern in der ganzen Republik. Die Deutsche Bank und die Commerzbank sind nicht nur in repräsentative Lage am Boulevard vertreten sondern auch in vielen bundesdeutschen Kleinstädten.

Gerade dieses Nebeneinander von teuer und preiswert, von Geschäften für den Durchschnittsbürger und für Prominente macht den Kurfürstendamm aber erst lebendig und abwechslungsreich. Er ist kein Eldorado für abgehobene und elitäre Kunden, sondern eine Straße für alle in seiner schon oft erwähnten „besonderen Mischung" für jeden Geschmack und Geldbeutel. Die billigen Geschäfte und Restaurants sorgen wohl auch dafür, dass die hochwertigen Läden ihre Preise nicht uferlos steigern können und die teuren Restaurants bezahlbar bleiben.

Die Anziehungskraft des Kurfürstendamms wird durch ganz andere Qualitäten begründet und ist unzerstörbar trotz aller Schäden, die er erlitten hat. Hier muss an die geschilderte Geschichte beim Bau des Kurfürstendamms erinnert werden. Der Kurfürstendamm wurde erst als Straße in der ungewöhnlichen Breite von 53 m im märkischen Sand „ausgerollt" und dann in einer sehr kurzen Zeit einheitlich bebaut. Er war von Anfang an eine Straße „aus einem Guss".

Diese großartige Straßenarchitektur ist erhalten geblieben, auch wenn ihr viele „Zacken aus der Krone gebrochen" wurden. Aber Einzelgebäude sind restaurierbar, wenn nur das historische Gespür dafür vorhanden ist. Und Neubauten können ruhig auch „ganz anders" sein, wenn es sich um kreative, interessante Architektur handelt. Dafür gibt es inzwischen am Boulevard glücklicherweise genügend Beispiele, diese Gebäude bereichern den Kurfürstendamm. Der ganz besondere Reiz der Straßenführung am Kurfürstendamm besteht nicht nur in seiner herausragenden Breite. Es ist unübertrefflich, wie sich die Straße immer wieder einladend öffnet zu platzartigen Einmündungen in die Nebenstraßen. An einigen Stellen gibt es ganz offiziell die bekannten Plätze wie Joachimtaler Platz, Olivaer Platz, Adenauer Platz, Lehniner Platz und Henriettenplatz.

Aber an anderen Stellen zweigen die Nebenstraßen eben auch nicht einfach rechteckig ab, sondern trichterförmig und dreieckig. Und so entstehen großartige Kreuzungen wie die an der Fasananstraße, an der Uhlandstraße, Wielandstraße, Leibnizstraße oder Giesebrechtstraße, wo auch fast überall prägnante Eckgebäude stehen. Dies lässt sich auch nicht dadurch zerstören, dass es z.B. an der südlichen Seite des Olivaer Platzes und des Adenauerplatzes eine völlig anspruchslose und sogar „hässliche" moderne Architektur gibt. Hier darf man nur darauf hoffen, dass der Zahn der Zeit so an diesen Billiggebäuden nagt, dass sie irgendwann auch einmal wieder abgerissen werden.

Ein unschätzbarer Vorteil des Kurfürstendamms besteht auch darin, dass von Anfang an ein breiter Mittelstreifen eingebaut wurde - erst war er von einem Reitweg belegt, dann von Straßenbahnschienen, inzwischen dient er als Parkfläche. Aber er war auch immer grün und bepflanzt, auch wenn dies im Augenblick mit einfallslosen Betonkübeln praktiziert wird. Es gibt in

dieser Einsicht Hoffnung: die Betonkübel werden ersetzt durch historisierende gusseiserne Blumenkübel unter der Blumenpracht auf dem Mittelstreifen. Immerhin machen die Bäume auf diesem Mittelstreifen ihn zu einer grünen Oase im Häusermeer.

Der Kurfürstendamm darf also nach Auffassung vieler - auch internationaler - Beobachter durchaus wieder als „Weltstadtboulevard" bezeichnet werden. Niemand wird bei einer Reise nach Berlin auf einen Ku-Damm-Bummel verzichten. Berlin ist inzwischen nach Paris in der Beliebtheitsskala an die zweite Stelle gerückt und hat London und Rom überflügelt.

Mittelstreifen am Ku-Damm

Dazu trägt zweifellos auch seine Internationalität bei. Es gibt am Kurfürstendamm wieder unzählige Lokale vom kleinen Coffeeshop bis zum Nobellokal „Reinhardt′s" im Hotel Kempinski, das im Sommer auch ein belebtes und beliebtes Straßenrestaurant ist.

Restaurant Reinhardt′s

217

Unter diesen vielen Lokalen wird mehr ausländische als heimische Küche angeboten. Es gibt ein portugiesisches Restaurant, viele Chinarestaurants, Italiener, Jugoslawen. Leysieffer aus Österreich ist gekommen, in den Nebenstraßen sieht es noch bunter aus.

So darf für die Zukunft des Kurfürstendamms eine positive Prognose gewagt werden. Er wird sich unter den Boulevards dieser Welt behaupten, er wird Kritik hervorrufen und seine Kritiker widerlegen. Man wird immer wieder seinen Untergang prophezeien und er wird stets überleben, langweilig wird er nie.

Ein Wunschtraum sei zum Schluss erlaubt: es gibt ein Bündnis der Reichen in dieser Stadt dafür, dass wieder ein Straßencafé am Kranzlereck entsteht und das dortige Bekleidungshaus anderswo bessere Bedingungen vorfindet. Dann sitzen die Berliner/innen dort mit Blick auf den Kurfürstendamm und sagen: „Ist das nicht Wahnsinn?“

Gäste im Café Kranzler

Nachwort

Dieses Buch wurde auf eine besondere Weise hergestellt. Die Autorin hat in der Druckerei neben der Setzerin am Computer gesessen, damit die Bilder an den zum Text passenden Stellen eingefügt werden konnten. Dadurch bekommt der Text, wie wir hoffen, eine unmittelbare Anschaulichkeit für die Leser, das Bild folgt dem Text, und der Text interpretiert das Bild.

Für die damit verbundene enge Zusammenarbeit danke ich der Setzerin und Webdesignerin Margarete Eisele und der Firma Kahmann Druck + Verlag, die diese Arbeit in ihren Betriebsablauf eingegliedert hat.

Ich danke Herrn Karl-Heinz Metzger und Frau Dr. Marianne Suhr für die fachkundige Hilfe bei der Korrektur des Manuskripts. Der Photograph Frank Donati hat nicht nur Photos für die letzten aktuellen Kapitel des Buches gemacht, er hat auch wertvolle Hilfe bei der Beschaffung von historischem Photos geleistet und mir geholfen durch Internetrecherchen für Photomaterial, auch dafür möchte ich mich ausdrücklich bedanken.

Herrn Stefan Heerde von der Firma Engel & Völkers bin ich sehr dankbar dafür, dass er mir umfangreiche Informationen über das Modell Fasananstraße gegeben hat. Durch ein ausführliches Gespräch hat er mir aber auch in mancher Hinsicht ein besseres Verständnis für die Situation am Kurfürstendamm ermöglicht.

Schließlich danken wir auch den Firmen, die dieses Buch unterstützt haben. Bei den Anzeigen auf den folgenden Seiten handelt es sich nicht um eine rein kommerzielle Werbung, sondern um Sponsoring für ein Buchprojekt, das hoffentlich vielen Lesern den zentralen Boulevard Berlins nahebringt.

Helga Frisch

Literatur

Althoff, Johannes: Der Kurfürstendamm, Berlin 2003

Bohm, Eberhard: Kurfürstendamm - Entstehung und erste Entwicklung in: Von der Residenz zur City -275 Jahre Charlottenburg, hrsg. von Wolfgang Ribbe, Berlin 1980

Booth, John: Bericht für das „Grunewaldecho"

Bezirksamt Charlottenburg-Wilmersdorf: Management für vitale Geschäftsstraßen -Projektdokumentation der Wirtschaftsberatung Charlottenburg-Wilmersdorf (Hrsg.), Berlin 2005

Bouchholtz, Christian: „Kurfürstendamm" mit einer Zeichnung von Rudolf L. Leonhard 1921

Centralblatt der Bauverwaltung vom 19.5.1892

Deutsche Bauzeitung 50

Döblin, Alfred: Schicksalsreise. Bericht und Bekenntnis, Frankfurt 1949

Engel & Völkers (Hrsg.) Fasanenstraße - Flaniermeile für das Besondere, (2005)

Erman, Hans; Podratz, Walter: Kleiner Bummel durch Berlin.Berlin 1957

Gottwaldt, Alfred B.: „Berlin, Bahnhof Zoo", Düsseldorf 1988

Grotehenn, Hans: Vom Churfürstendamm zum Kudamm, Die Geschichte einer Berliner Straße, in: Gast in Berlin 20. Mai 1933

Heerde, Stefan; Hegenbarth, Carolin: Zum Modell „BID", Ein neues Geschäftsfeld für Makler und Hausverwalter, Allgemeine Immobilien Zeitung 9/200

Hellpach, Willi: Abende im Cafe Größenwahn in: Wirken und Wirren, Band 1, Hamburg

Herzfelde, Wieland: Der Malik-Verlag 1916 - 1947 - Ausstellungskatalog der deutschen Akademie der Künste zu Berlin, Berlin (Ost) 1967

Holmsten, Georg: Berliner Miniaturen. Großstadtmelodie. Mit Zeichnungen von Ilse Theuer, Berlin o.J. (1946)

Krüger, Horst: Der Kurfürstendamm, Berlin 1982

La Vigne: Plan geometral de Berlin e des environs

Lehmann , Friedrich Wilhelm: Kurfürstendamm - Bummel durch ein Jahrhundert, Berlin 1964

Majewski, Erich: Geschichten aus dem alten Halensee und vom Kurfürstendamm, Berlin 1983, beendet 1963

Metzger, Karl-Heinz: 100 Jahre Villenkolonie Grunewald, Berlin 1988

Metzger, Karl-Heinz/Dunker, Ulrich: Der Kurfürstendamm - Leben und Mythos des Boulevards in 100 Jahren deutscher Geschichte, Berlin 1986

Meyer-Förster, Wilhelm: Die Entstehung der Villenkolonie Grunewald (1934)

Moreck, Gert: Führer durch das lasterhafte Berlin, Leipzig 1930

Neuhaus, Veronika: Dynamik einer hochwertigen Geschäftsstraße: Das Beispiel Fasanenstraße in Berlin, Bayreuth 2006

Paret, Peter: Die Berliner Secession - Moderne Kunst und ihre Feinde im kaiserlichen Deutschland, Berlin 1913

Pepper, Karl H: Ein Mann in unserer Stadt - Berlin zum 50jährigen Firmenjubiläum

Reissig, Harald Der Kurfürstendamm, in: Geschichtslandschaft Berlin - Orte und Ereignisse.- Charlottenburg Teil 2. Der neue Westen, Berlin 1985

Riess, Curt: Berlin, Berlin 1945-1953

Tasiemka, Hans: Es war im „Romanischen" in: F. Henseleit Berliner Boheme

Voigt, Paul: Grundrente und Wohnungsfrage in Berlin und seinen Vororten, Jena 1901

Weka (d.i. Willy Pröger), Stätten der Berliner Prostitution, Berlin 1930

Wilmersdorf in alten Stadtansichten, Berlin 1988

Zivier, Georg Das romanische Cafe- Erscheinungen und Randerscheinungen rund um die Gedächtniskirche Berlin 1965

Um die Bildrechte für die in diesem Buch verwendeten Bilder haben wir uns intensiv bemüht.

Für alle Bilder ab dem Jahr 1980 haben wir die Bildrechte erworben.

Für die Kapitel I - V sind auch Bilder verwendet worden aus Büchern, die vor dieser Zeit erschienen sind. Die Verlage dieser Bücher sind fast ausnahmslos nicht mehr existent. Die Bücher selbst enthalten auch meist keine Bildnachweise. Die Recherchen für die von uns verwendeten älteren Bilder sind deshalb kompliziert und noch nicht abgeschlossen. Für Hinweise der Inhaber von Bildrechten aus dieser Zeit sind wir dankbar.

Bei den Anzeigen auf den folgenden Seiten
handelt es sich nicht um eine rein kommerzielle Werbung,
sondern um Sponsoring für ein Buchprojekt,
das hoffentlich vielen Lesern den zentralen Boulevard Berlins
nahebringt.

Berlin, dein Gesicht hat Sommersprossen

Wer das Berlin von Hildegard Knef, Asta Nielsen und Curd Jürgens sucht, wird immer auch zum Kurfürstendamm kommen. Auf dem traditionsreichen Pracht-Boulevard weht das Eau de Parfum der Stars – damals wie heute. Im Hotel Palace Berlin bekommt der Gast eine Ahnung vom Glanz der Großstadt.

Die Lobby: Dreh- und Angelpunkt zwischen Ankommen, Verweilen und Abreisen. Oder gemütlicher Treffpunkt für Gespräche bei einer kleinen Köstlichkeit und einem belebendem Getränk.

Nomen est omen: Im Gourmetrestaurant „first floor" im ersten Stock des Hotel Palace Berlin rückt der Gast den Sternen näher. Vielfach ausgezeichnet vom Gault Millau und Guide Michelin bietet die Küche des Sternekochs Matthias Buchholz eindrucksvolle Geschmackserlebnisse, die von der französischen Tradition geprägt und immer für vorzügliche Interpretationen bekannt sind.

Kein Wunder also, dass es nicht nur Blitzlichtgewitter und rote Rosen regnet, wenn sich im Zoo-Palast-Kino die Stars und Sternchen der Berlinale ihrem euphorisierten Publikum zeigen. Der Strom der Geschichte fließt immer weiter entlang des Kurfürstendamms – vorbei an seinen Theatern, seinen Boutiquen, Galerien und Restaurants und berührt seine Hotels.

Das renommierte, privat geführte fünf Sterne-Gourmet-Hotel Palace Berlin liegt im Herzen der City West, eingebettet von Kurfürstendamm und Gedächtsniskirche. Hier erwarten die Gäste zu Recht die internationalen Standards eines Grandhotels, bekommen darüber hinaus aber noch das Gefühl, als individuelle Persönlichkeit auf angenehme und unaufdringliche Art verwöhnt zu werden.

Ruhmreich ist auch der außergewöhnliche Caveau von Chef-Sommelier Gunnar Tietz (rechts mit Matthias Buchholz): Seine Schätze wurden zur „Besten internationalen Weinkarte Deutschlands 2006" gekürt.

Die Suiten sind individuell gestaltet, die modernen Zimmer zeigen viel Liebe zum Detail und hochwertiges Interieur.

first floor

★★★★★
HOTEL PALACE BERLIN

A member of
The Leading Hotels of the World

Budapester Str. 45 · 10787 Berlin
Telefon +49 (0) 30 25 02-0
Fax +49 (0) 30 25 02-11 19
hotel@palace.de · www.palace.de

© Gisela Heese 2007

Ihr Taxibetrieb
Gisela Heese
in Ku'damm-Nähe

**Am Bahnhof Westend 3
14059 Berlin - Charlottenburg
Büro-Tel.: 030 / 891 10 49**

Wir sind Tag und Nacht für **SIE** im Einsatz
und nehmen Vorbestellungen für jede Tageszeit gern entgegen.

Wenden Sie sich bitte bei Bedarf an unser Büro

Bürozeiten:
Montag bis Freitag von 14.30 – 17.30 Uhr

oder direkt an einen unserer Mitarbeiter, so z.B. an:

Michael Jäger
Tel.: 0177 - 232 61 32
oder
Reiner Harms
Tel.: 0179 - 241 91 93

Diese Mitarbeiter stehen Ihnen
für Tagesfahrten in der Zeit von

06.00 – 18.00 Uhr
gern zur Verfügung.

Eckhard Noack
Tel.: 0172 - 310 22 41
oder
Erich Losensky
Tel.: 0172 - 390 11 79

Diese Mitarbeiter stehen Ihnen
für Nachtfahrten in der Zeit von

18.00 – 06.00 Uhr
gern zur Verfügung.

BERLIN · PLAZA
HOTEL

Ihr Privathotel am Kurfürstendamm

www.plazahotel.de
www.restaurant-knese.de
www.parken-am-kudamm.de
http://blog.plazahotel.de

Berlin Plaza Hotel · Knesebeckstr. 63 / Kurfürstendamm · 10719 Berlin
Fon 0049-[0]30-8 84 13-0 · Fax 0049-[0]30-8 84 13-7 54

Great Berlin Wheel - Das Aussichtsrad Berlin

Die Great Berlin Wheel wird Ende 2009 das höchste Aussichtsrad Europas in Berlin in unmittelbarer Nähe des Zoologischen Gartens - zwischen Hertzallee 41 und Müller-Breslau-Straße - eröffnen.

In bis zu 185 Metern Höhe werden unsere „Fluggäste" diesen einzigartigen, atemberaubenden Blick über die Dächer unserer weltberühmten Metropole bei einer Flugzeit von ca. 35 Minuten genießen können.

Neben den multifunktional nutzbaren 36 Kapseln, die nicht nur für kleinere Konferenzen sondern auch für romantische Trauungen individuell gebucht werden können, bietet sich eine weitere Möglichkeit einen Anlass zu einem ganz besonderen Ereignis werden zu lassen. In der bereits heute als architektonisches Highlight der Stadt geltenden unter dem Rad befindlichen dreigeschossigen „Abflughalle" bieten mehrere Veranstaltungsräumlichkeiten von 50 m² bis zu 725 m² eine Vielfalt an Möglichkeiten für die Ausrichtung exklusiver Events.

Des weiteren laden neben diversen speziell ausgewählten Geschäften auch Cafés sowie Restaurants die Fluggäste zum kurzen Verweilen bis zum jeweiligen Abflug ein.

Das Aussichtsrad Berlin bietet den zahlreichen internationalen Besuchern und sicherlich auch dem ein oder anderen Berliner die Möglichkeit, in relativ kurzer Zeit unsere Stadt von einer einzigartigen Perspektive zu erleben und eventuell auch neu zu entdecken.

Das Berliner Aussichtsrad in Fakten

Höchster Punkt: 185 Meter | Kapseln: 36 Kapseln à 40 Personen | Kapazität des Rades: ca. 2.470 Besucher pro Stunde | Besucherzahl: 2 Mio. pro Jahr | Betriebsdauer: 360 Tage im Jahr | Kapselabmessung: 4,70 m x 11,60 m | Gewicht einer Kapsel: 18 Tonnen | Stahlseile: ca. 6000 Meter | Umdrehungsdauer: 35 Minuten | Geschwindigkeit: 0,25 Meter pro Sekunde | Stützen: 106 Meter Länge / 5 Meter Durchmesser | Nabe: 25 Meter Länge / 7,5 Meter Durchmesser | Gewicht der Nabe: 600 Tonnen

GREAT Wheel Corporation™

Great Berlin Wheel GmbH & Co. KG

Schönhauser Allee 10-11 | 10119 Berlin
Tel.: +49 (0)30 44 37 33 0
Fax: +49 (0)30 44 37 33 20
www.greatwheel.com | berlin@greatwheel.com

Bild: Pott Architects

Geschichte des Olivaer Platzes

1892 – 1909

Zentrales Element der Pläne zur Aus-
gestaltung des Olivaer Platzes bilden
ein tiefer liegendes, großes Rosen-
parterre, welches von steilen Rasen-
böschungen, einer Brunnenanlage im
Westen und einer Pergola im Osten
eingefaßt ist.

1915 – 1936

Die architektonisch repräsentativen
Wohnbauten mit den Adressen Olivaer Platz zwischen Lietzenburger Straße (N), Konstanzer Straße (W), Pari-
ser Straße (S) und der damals bis zur
Bayrischen Straße durchgehenden
Wielandstraße (O), zielen auf ein gut
situiertes großbürgerliches Mieter-
klientel (siehe Abb. 1, Schmuckplatz).

1945

Den Zweiten Weltkrieg hatte in
der östlich vom Platz gelegenen
Blockbebauung (heutiger Parkplatz)
zwischen der Wielandstraße und der
Württembergischen Straße lediglich
ein einziges Gebäude überlebt, alle
anderen sind restlos zerstört worden
(siehe Abb. 2).

1956 – 61

Nach dem Ausbau der aufgeweite-
ten Lietzenburger Straße erfolgt die
Neugestaltung des Olivaer Platzes,
wobei sich seine Gesamtfläche nun
durch die Einbeziehung des östlich
anschließenden früher bebauten
Blockareals und die Auflassung des
dazwischen liegenden Straßenlan-
des der verlängerten Wielandstraße
erheblich erweitert. Umgeben von
Randgrün wurde der heutige Parkplatz geschaffen.

1984 – 98

Vor dem Hintergrund der städtebaulichen Aufwertung des Kurfürstendamms wird auch der Olivaer
Platz zum Gegenstand eines städtebaulichen Gutachterverfahrens. Die
Aufstellung der Großplastik von Pit
Kroke stellt die letzte bauliche Maß-
nahme dar. Die Platzfläche harrt bis
heute ihrer dringenden Veränderung
entgegen.
*Auszüge aus „115 Jahre Olivaer Platz"
Chronologie von Prof. Dr. Wolfgang
Schäche*

2007

Bereits 1984 hatte es nach einer
Ausschreibung die Pläne einer flachen Bebauung mit Tiefgarage und
rund 280 Stellplätzen gegeben.

*Die baurechtliche Vorbereitung der
Bebauung des früher bebauten und
heute als Parkplatz genutzten Teiles
des Olivaer Platzes zugunsten des
Brandenburg Haus Berlin wird durch
die Bezirksverordnetenversammlung
am 24. Mai 2007 beschlossen.*

Abb. 1, 1936 Schmuckplatz zwischen Konstanzer und Wielandstraße

Abb. 2, 1945 Zustand nach der Zerstörung

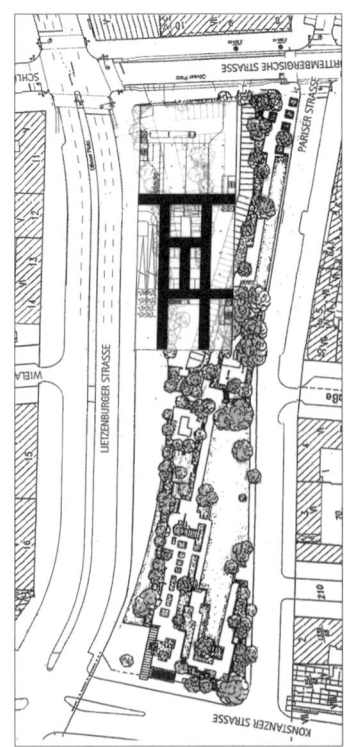

Abb. 3, Lageplan

msc

Handelsimmobilien
Beratungsgesellschaft mbH

Seit über 30 Jahren haben wir uns auf die vielfältigen Anforderungen von Handelsimmobilien, insbesondere auf die Standortbegutachtung, Konzeption, Vermietung und Revitalisierung von Einzelhandelsimmobilien spezialisiert.

Wir entwickeln, planen und erarbeiten für Sie Projekt- und Nutzungsideen und setzen diese, verbunden mit Absicherungen wie Baurecht und den dazugehörigen Wirtschaftlichkeitsuntersuchungen in Funktionskonzepte um.

Besonderes Gewicht legen wir auf die Entwicklung eines tragfähigen Themas, die Erarbeitung eines optimalen Mieter-Mixes und die frühzeitige Ansprache der Magnetmieter und Mieterauswahl.

Unser Ziel ist, das Ertragspotential einer Immobilie zu erkennen und die Wertschöpfung zu sichern.

Mit unserer Erfahrung unterstützen wir alle Beteiligten – den Projektentwickler, den Mieter und damit auch den Endinvestor – das Projekt laufend zu optimieren, die Planungskosten zu reduzieren und Risiken zu minimieren.

wip

Willmeroth Projektentwicklungsgesellschaft mbH

In Ergänzung zu den Dienstleistungen der msc wurde die wip gegründet, um auch eigene Projekte entwickeln und Immobilien errichten zu können.

Wir sind dabei bestrebt, den zukünftigen Nutzer und Immobilienbesitzer bereits vor Baubeginn an das Projekt zu binden. Damit werden die Projekte von uns bereits in einem frühen Stadium mit Leben erfüllt und ausgeschlossen, daß Leerstand entsteht. Gerne bieten wir Ihnen unsere Kompetenz bei der Realisierung Ihrer Immobilie an.

Aktuell planen und entwickeln wir u. a. das 4-Sterne-Hotel am Spittelmarkt in Mitte und das Projekt einer Markthalle mit Tiefgarage auf dem heutigen Parkplatz des Olivaer Platzes - das Brandenburg Haus Berlin.

Im Brandenburg Haus Berlin sollen vorrangig Brandenburger Produkte direkt- und ökologisch vermarktet werden. Berlin und seine Besucher werden zusätzlich einen Einblick in die reichhaltigen touristischen und kulturellen Angebote dieses Landes in unmittelbarer Nähe zum Herzen Berlins, dem Kudamm, erhalten.

msc

Handelsimmobilien
Beratungsgesellschaft mbH

Joachimstaler Straße 10, 5. OG
10719 Berlin
Telefon 030/230 881-0
Telefax 030/230 881-81
GF: Peter Willmeroth
e-mail: info@mscberlin.de
internet: www.mscberlin.de

Willmeroth Projektentwicklungsgesellschaft mbH

Joachimstaler Straße 10, 5. OG
10719 Berlin
Telefon 030/23 08 81 10
Telefax 030/23 08 81 90
GF: Tobias Willmeroth
e-mail: info@wip-berlin.de
internet: www.wip-berlin.de